TRANSFORMANDO NEGÓCIOS ATRAVÉS DO DESIGN

CHANGING BUSINESS THROUGH DESIGN

BRAZILIAN DESIGN PROFILE

Brazilian design profile
ABEDESIGN © 2011
Editora Edgard Blücher Ltda.

ABEDESIGN

Rua Artur de Azevedo, 1767, Cj. 176
05404-014 - São Paulo - SP - Brasil
Tel.: 55 (11) 3067-6132
abedesign@abedesign.org.br
www.abedesign.org.br

Blucher

Rua Pedroso Alvarenga, 1245, 4° andar
04531-012 – São Paulo – SP – Brasil
Tel.: 55 (11) 3078-5366
editora@blucher.com.br
www.blucher.com.br

Segundo Novo Acordo Ortográfico, conforme
5. ed. do Vocabulário Ortográfico da Língua
Portuguesa, Academia Brasileira de Letras,
março de 2009.

É proibida a reprodução total ou parcial
por quaisquer meios, sem autorização
escrita da Editora.

Todos os direitos reservados pela
Editora Edgard Blücher Ltda

Ficha Catalografica

Brazilian Design Profile. -- São Paulo:
Blucher, 2011.

Edição bilíngue: português/inglês.
ISBN 978-85-212-0640-8

1. Design - Brasil.

11-11834	CDD-745.44981

Índices para catálogo sistemático:
1. Brasil: Design 745.44981
2. Design brasileiro 745.44981

BRAZILIAN DESIGN PROFILE

TRANSFORMANDO NEGÓCIOS ATRAVÉS DO DESIGN CHANGING BUSINESS THROUGH DESIGN

**ABEDESIGN
APEX-BRASIL
BLUCHER**

O Brasil encontra o Design e o mundo, o Design Brasileiro

A cada ano, o design brasileiro mostra-se mais preparado para competir, conversar e convergir com o universo globalizado, colocando-se em destaque pela consistência de sua produção, tanto dentro quanto fora do País.

Um momento de grande visibilidade que se dá pela presença do Brasil como a 8ª economia do mundo e 24ª nas exportações mundiais. Empresas nacionais e multinacionais consolidam sua imagem, por meio de marcas e ferramentas de comunicação inovadoras criadas por empresas de design brasileiras.

Ao mesmo tempo, assistimos ao amadurecimento, no Brasil, das reflexões sobre a abrangência do design, sua capilaridade e transversalidade de atuação em diferentes segmentos da economia – indústria, varejo, serviços, tecnologia, cultura etc.

Design made in Brazil:
Resultado, Criatividade e Inovação

Segmentos distintos reconhecem o valor do design para destacar, emocionar e criar diferenciação, sobretudo em um contexto mercadológico em que tecnologia e informação estão acessíveis a todos, e no qual produtos e serviços tornam-se muito similares.

Nesse ambiente, eleva-se o papel do design à esfera da estratégia de negócio, tornando-o um poderoso instrumento para construção, fortalecimento e competitividade das marcas de países, empresas e produtos.

O modelo mental do designer e sua forma diferenciada de solucionar problemas têm colocado as empresas de design em posição de destaque dentro do universo dos negócios, fazendo-as participar não só da construção da imagem, mas do planejamento de ações estratégicas e de toda a complexidade que envolve a gestão de identidades de marca no mundo moderno.

Um cenário que apresenta, de um lado, um mundo corporativo ávido por soluções e resultados e, de outro, empresas brasileiras de design com comprovada eficiência, criatividade e experiência.

É aí que entra a importância do papel mediador, colaborativo e empreendedor de duas instituições que veem no Brasil e no design, realizado pelos profissionais brasileiros, uma grande oportunidade de negócio e de crescimento: a Apex e a Abedesign.

A Agência Brasileira de Promoção de Exportações e Investimentos (Apex-Brasil) atua estrategicamente para inserir cada vez mais empresas brasileiras no mercado internacional. Seu objetivo é diversificar e agregar valor à pauta de produtos exportados, aumentando o volume comercializado e consolidando a presença do Brasil, tanto em antigos quanto em novos mercados.

Os produtos e serviços brasileiros estão no centro de suas ações e projetos, entre os quais trabalhar a imagem dos setores em que atua, por meio de amplas ações de promoção comercial, marketing e relacionamento.

ABEDESIGN e APEX-BRASIL
Dois olhares com o mesmo foco, o Brasil

A Abedesign, fundada em 2004, tem o objetivo de difundir e valorizar o design brasileiro, contribuindo para o contínuo aperfeiçoamento do setor, crescimento do mercado e facilitação de atividades profissionais entre empresas de design.

A associação é responsável pela defesa dos interesses da categoria perante não somente as instituições públicas, mas também as entidades governamentais e diplomáticas, entre outros.

A Abedesign cresce ano a ano e, atualmente, conta com mais de 170 associados , que se reúnem mensalmente para definir seu plano de ações e promover seminários sobre assuntos referentes ao setor.

Parceiras desde 2006, a Abedesign e a Apex-Brasil trabalham no Projeto Setorial Integrado de Promoção de Exportações dos Serviços de Design Brasileiro.

O projeto inclui segmentos como branding (estratégias de construção e gestão de identidades de marca), design de produto e de embalagens, design gráfico-editorial e de ambientes de varejo.

No Brasil e no exterior, uma parceria para promover, desenvolver e divulgar o Design

Além de inserir o design brasileiro no mercado internacional, o projeto proporciona o conhecimento do mercado e da cultura brasileira, permitindo a execução de uma estratégia de tropicalização do design (*gatekeeper*).

Hoje, esse projeto está consolidado e já conta com várias ações realizadas:

- Livro: *Brazilian Design Profile: 2008*
- Brazil Design Week 2008, 2009, 2010 e 2011 *Brazil Design Awards 2009*
- Rodadas de Negócios 2008, 2009 e 2010
- Festival Cannes Lions 2009, 2010 e 2011
- Missão Empresarial Setorial Cannes 2011
- Missão Empresarial New York 2011

Realizações que consolidam um projeto empreendedor.

Brazilian Design Profile 2011

A Abedesign, por meio do convênio com a Apex-Brasil, lança a segunda edição do livro *Brazilian Design Profile*. Com o objetivo de valorizar o papel do design como agente criativo, tanto para fortalecimento das marcas como para diferenciação e competitividade das empresas, o livro é também um veículo para divulgar, no mercado global, a competitividade do design brasileiro.

É de extrema importância retratar o Brasil – por meio dos trabalhos e da visão de cada escritório de design associado – como um país que reafirma sua vocação para a inovação e o empreendedorismo.

Brazil meets Design, and the world meets Brazilian Design

Brazilian design is increasingly ready to compete, dialogue and converge with a globalized universe, and has stood out both nationally and abroad thanks to the consistency of its production.

The country is facing a moment of significant visibility, for it is now the 8th largest economy in the world and ranks 24th among the global export powers. Both national and multinational companies consolidate their image by means of brands and innovative communications tools developed by Brazilian design firms.

Brazil has also witnessed the development of reflections on the scope of design, its broadness and transversal presence in different industries – retail, services, manufacturing, technology and culture, among others.

Design Made in Brazil:
Results, Creativity and Innovation

Different industries have acknowledged the importance of design to highlight, engage and create diversification, especially in a market context wherein technology and information are accessible to all, and products and services have become very similar.

The role of design in business strategy is ever more important in this scenario; design has become a powerful tool to build, strengthen and provide competitive edge for the brands of different countries, companies and products.

Designers' creative process and the manifold solutions they present for different problems have contributed to the prestigious position design firms now occupy in the corporate world. Nowadays, design firms not only partake in the building of a brand's visual identity, but also in planning strategic actions and in the complex structure behind managing brand identities in the modern world.

On one hand, this scenario brings forward a corporate world eager for solutions and results; and, on the other hand, there are efficient, creative and experienced Brazilian design firms ready to come up with such solutions.

It is precisely in this scenario that lays the importance of the mediating, helpful and entrepreneurial role of two institutions that see an amazing business and development opportunity both in Brazil and in Brazilian design: Apex and Abedesign.

The Brazilian Trade and Investment Promotion Agency (Apex-Brasil) acts strategically to increasingly include more Brazilian companies in the international market. The purpose of Apex-Brasil is to diversify and add value to exported products, thereby increasing sales volume and consolidating Brazilian presence both in old and in new markets.

Brazil's products and services are the core of its actions and projects, which includes developing the image of the industries it works with by means of full-fledged sales, marketing and client relations actions.

ABEDESIGN and APEX-BRASIL
Different Views – One Focus: Brazil

Established in 2004, the purpose of Abedesign is to promote and strengthen Brazilian design, thereby contributing to the ongoing enhancement of the industry, to market development and to optimize professional activities between design firms.

Abedisgn is responsible for protecting designers' interests not only before public institutions, but also before government and diplomatic agencies, among others.

Abedesign currently has over 170 members who meet on a monthly basis to define its action plan and to promote lectures on issues relevant to the industry.

Abedesign and Apex-Brasil have been partners since 2006, and work together in the Integrated Project to Promote the Export of Brazilian Design Services.

The project includes areas such as branding (strategies for brand identity building and management), product and packaging design, graphic-editorial design and retail design.

A Partnership to Promote and Develop Design in Brazil and Abroad

Aside from promoting Brazilian design in the international market, the project also provides information on Brazil's market and culture, thereby enabling the development of a strategy on the Brazilian take on design (gatekeeper).

This project is now consolidated and includes the following actions:

• Book: Brazilian Design Profile, 2008
• Brazil Design Week 2008, 2009, 2010 and 2011 Brazil Design Awards 2009
• Business Rounds 2008, 2009 and 2010
• Cannes Lions Festival 2009, 2010 and 2011
• Business Mission in Cannes 2011
• Business Mission in New York 2011

Accomplishments that Consolidate an Entrepreneurial Project

Brazilian Design Profile 2011

Together with Apex-Brasil, Abedesign hereby launches the second edition of Brazilian Design Profile.

The purpose of the book is to promote the role of design as a creative agent to strengthen brands and increase the diversification and competitive edge of companies, as well as to be used to advance the presence of Brazilian design in the global market.

It is extremely important to represent Brazil as a country that reaffirms its innovative and entrepreneurial role through the work and vision of each of the member design firms.

O DESIGN BRASILEIRO
BRAZILIAN DESIGN

18
100% Design

20
A10

22
6D

23
Ana Couto
Branding & Design

24
Boldº_
a design company

26 BRANDER

28 Brainbox Design Estratégico

29 Calebe | Design

30 Caso Design Comunicação

32 claudio novaes conceito/design/criação

34 commcepta

35 commgroup branding

36 Crama Design Estratégico

38 Criacittá

39 Design Absoluto

40 dezign com z

42 Dia Comunicação

44 Dialogo Design

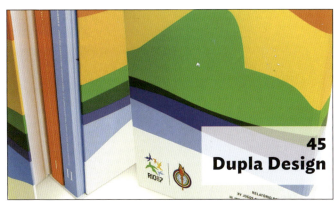
45 Dupla Design

46 eita iltda

47 forminform | mapinguari design

48
FutureBrand BC&H

50
GAD' Grupo de Serviços de Marca

52
GRECO DESIGN

54
hardy design

56
HAL 9000 comunicação e design

57
HAUS+PACKING design

58
JMD comunicação

60
Indústria Nacional Design

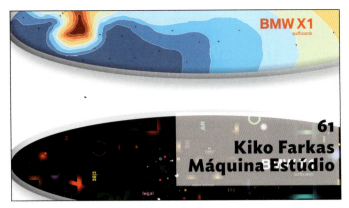

61
Kiko Farkas Máquina Estúdio

62
keenwork design

64
KOMM:: DESIGN STRATEGY

66
Lumen Design

67
Iva criação

68
Matriz Desenho

70
marcelo lopes design

71
müller camacho design comunicação

72
M.QUATRO DESIGN

74
Narita Design

76
NONO BRANDS

77
OCCIUZZI design

78
OZ DESIGN
OZ BRANDING

80
ÓCSSO
design estratégico

81
Page One
design e comunicação

82
Packaging Brands

84 Pande Design Solutions

86 ponto design

87 PÓS IMAGEM DESIGN

88 quadrante design

90 PROJETO INTEGRADO

91 RedBandana

92 QUESTTO|NÓ

94 redondo design

95
RICO LINS + STUDIO

96
RTECH 3

97
RODA DE DESIGN

98
sart | dreamaker

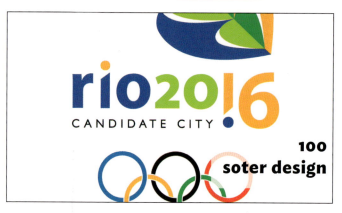

100
soter design

101
Spice Design

102
straub design

103
studio abracadabra

104 tátil

106 superbacana design

107 Team Créatif

108 Yemni branding, design & comm

100% Design

O design é a conexão que escolhemos para ocupar espaço relevante em um mundo que está em permanente transformação.
Acreditamos no design como ferramenta essencial para a comunicação e a construção de marcas. Uma expressão sintética da singularidade de uma empresa, de um produto ou de um serviço. O design que inspira, emociona e surpreende.
Para isso, transformamos percepções em ideias, ideias em estratégias e resultados concretos.
Um movimento contínuo, que inclui conhecimento, sensibilidade, trabalho em equipe e, mais que tudo, ousadia.
Assim, chegamos a soluções efetivas que vão além do esperado.
Somos 100% íntegros e inteiros, 100% em tudo o que fazemos.
Atuamos nas seguintes expressões de marca: Identidade Corporativa, Embalagem/*Shape*, Projetos Gráficos, *Environment Design/Visual Mershandising*.

100% Design
Design em movimento

Design is the connection we choose to make ourselves visible in an ever-changing world.
We believe design to be an essential tool in brand building and communication. Design is the synthetic expression of the singularity of a company, a product or a service. Design inspires, moves and surprises.
In order to do so, we transform perceptions into ideas, ideas into strategies and concrete results.
An ongoing movement, including knowledge, feelings, teamwork and audacity, above all.
This is how we build effective solutions that exceed expectations.
We give ourselves, 100%, in everything we do.
We work with the following brand expressions: Corporate Identity, Packaging/Shape, Graphic Design, Environment Design/Visual Merchandising.

100% Design
Design in motion

1 Arquitetura de embalagens e redesign de marca. *Packaging design and rebranding.* Cepêra, 2011. **2** Linha de embalagens Active, marca e *shape*. *Active: packaging line, brand and shape.* O Boticário, 2010. **3** Identidade visual gráfica e ambientação nos aeroportos. *Graphic visual identity and ambient media at airports.* Gol Linhas Aéreas, 2009. **4** Arquitetura de embalagens e marca Coral. *Coral: Brand and Packaging Design.* Akzo Nobel, 2009. **5** Arquitetura de embalagens e redesign de marca. *Packaging design and rebranding.* Marilan, 2009. **6** Identidade visual e environment design. *Visual identity and environment design.* PriCake, 2011.

1

A10

A10 é uma consultoria de design e marcas especializada em ideias transformadoras. Temos como paixão o desenvolvimento de soluções inovadoras na criação e construção de grandes marcas. Elaboramos conceitos e executamos ideias que transformam empresas, produtos, mercados, percepções e, principalmente, resultados. Nossos projetos são únicos e aliam criatividade à visão de negócios, resultando em geração de demanda e valor agregado para nossos clientes.

Nossa metodologia de trabalho alia um profundo processo analítico de contexto de mercado e tendências da categoria, com *insights* precisos e caos criativo, que geram ideias e conceitos eficientes.

Nos últimos 15 anos, desenvolvemos centenas de projetos de criação de marcas, identidades visuais, design de embalagens e comunicação ambiental para empresas dos mais variados tamanhos, diferentes tipos de escopo de trabalho e todos os níveis de complexidade, que possibilitaram a conquista de diversos prêmios como The New York Festivals, London International Advertising Award, The Director Club Annual Awards e outros.

A10 is a design and brand consulting company specializing in ideas that transform. Our passion is to develop innovative solutions in the creation and building of great brands. We develop concepts and put ideas into practice to change companies, products, markets, perceptions and above all, results. Our projects are unique and mix creativity with a business-oriented perspective, thus creating demand and added value for our clients.

Our work methodology combines a thorough analytical process of the market context and trends in the category, to precious insights and creative chaos that generate efficient ideas and concepts.

In the past 15 years, we have developed hundreds of projects for the creation of brands, visual identities, packaging designs and ambient media for companies of many sizes, types and levels of complexity, which have resulted in several accolades for the company, such as The New York Festivals, London International Advertising Award and The Director Club Annual Awards, among others.

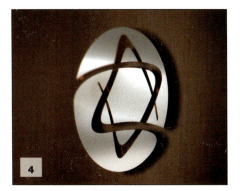

1 Design das embalagens da linha Meu Menu Perdigão. *Packaging design of line Meu Menu Perdigão.* BRF, 2010. **2** Identidade visual da linha Infinit e design da embalagem do produto Infinit Glamour. *Visual identity of line Infinit and packaging design of product Infinit Glamour.* O Boticário, 2011. **3** Identidade visual e relatório anual. *Visual identity and annual report.* BRF, 2010. **4** Identidade visual e sinalização. *Visual identity and signage.* Sociedade Beneficente Israelita Brasileira Hospital Albert Einstein, 2009. **5** Design da embalagem Pureza Vital. *Packaging design of Pureza Vital.* Nestlé, 2010. **6** Identidade visual. *Visual identity.* Scala, 2010. **7** Identidade visual. *Visual identity.* Schincariol, 2010. **8** Identidade visual e design de embalagens. *Visual identity and packaging design.* Talchá, 2010. **9** Design dos cartões de crédito da Livraria Cultura. *Credit card design of Livraria Cultura.* Itaú Unibanco, 2010.

6D

O design não está apenas no desenvolvimento da marca, no *layout* de um site ou na embalagem que vendem uma empresa ou produto. O design está presente no pensamento criativo com que as marcas se comunicam com a audiência. A criação de uma estratégia de marca tem muito mais de design do que sua execução. Com o surgimento de novas formas de comunicação, o design está presente, não só entendimento dessas linguagens, mas também na criação de conteúdo para engajar as novas gerações.

Design is not limited to brand development, site layout or packaging that sells a company or product. Design is a part of the creative thinking through which bands communicate with their audience. Creating a brand strategy has far more to do with design than actually putting it into practice. Design is present in the emergence of new media not only in the understanding of these languages, but also in the creation of content to involve the new generations.

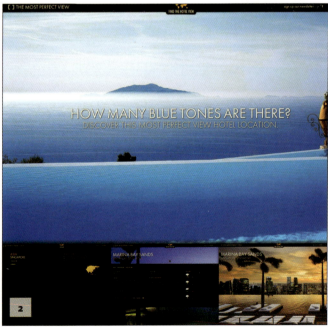

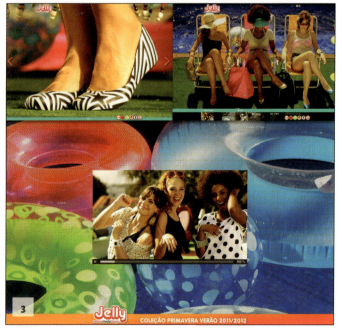

1 Design de interface na reformulação do portal do jornal *Extra* (extra.globo.com). *Interface design in the reformulation of the Extra newspaper internet portal (extra.globo.com).* Infoglobo, 2011. **2** Criação e desenvolvimento do site de hotelaria The Most Perfect View (www.themostperfectview.com). *Creation and development of hotel site The Most Perfect View (www.themostperfectview.com).* TMPV, 2011. **3** Planejamento e execução de comunicação online de marca de moda. *Planning and execution of online media for a fashion brand.* Jelly, 2011.

Ana Couto Branding & Design

Pessoas não se apaixonam por estratégias de negócios. Elas se apaixonam por Marcas que transformam estratégias de negócios em histórias. É isso que fazemos há 18 anos: desenvolvemos projetos de branding ao lado das maiores empresas do Brasil e do mundo, alinhando estratégia, design e comunicação para criar valor de longo prazo para o negócio. Do Rio de Janeiro ou de São Paulo para o mundo, aplicamos nosso *expertise* em três focos: Personalidade, Experiência e Comunicação. Esse é o nosso jeito de fazer história.

People don't fall in love with business strategies. They fall in love with Brands that transform business strategies into stories. This is what we have been doing for 18 years: we develop Branding projects for top companies at Brazil and abroad,, thus aligning strategy, design and media to create long-term value for a business. From Rio de Janeiro or São Paulo to the world, our expertise is focused on three areas: Personality, Experience and Media. This is how we tell a story.

1 Branding (estratégia, nome, marca, universo visual e guia da marca). *Branding (strategy, name, brand, visual universe and brand guide).* Raízen, 2011. **2** Branding (estratégia, nome, marca, universo visual, ambientação e guias da marca e de experiência). *Branding (strategy, name, brand, visual universe, ambient media and brand guides and brand experience guide).* Rede Olá, 2010.

23 ANA COUTO BRANDING & DESIGN

Bold°_
a design company

Comunicar bem é perceber as relações entre pensar, sentir, agir e dialogar.
Design não é uma ciência exata, mas ajuda a tornar tangível o que é abstrato.
Nós, designers, criamos contextos e articulamos os sentidos em todas as suas dimensões: palavra, imagem, produto, arquitetura, interação, luz, som e movimento – *online* e *offline*.
Concebemos ideias e experiências de modo a torná-las memoráveis e relevantes ao olhar do outro que consome, seja no Brasil, na China, na Itália ou qualquer outro lugar do mundo.
Na Bold° fazemos design estratégico para comunicar, vender e inspirar.
Somos uma empresa de design premiada, multidisciplinar e global que atende a uma ampla variedade de clientes que manifestam o desejo de se apresentar de maneira distinta e notável.

Muito prazer.
Nós somos Bold°_a design company

Being able to communicate properly is the ability to understand the relationship between thinking, feeling, acting and dialoguing.
Design is not an exact science, but it helps render the abstract tangible.
Designers create contexts and articulate senses in all areas: words, images, products, architecture, interaction, light, sound and movement – both online and offline.
We conceive ideas and experiences in order to make them memorable and relevant to the consumer's eye, whether in Brazil, China, Italy or elsewhere.
At Bold°, we develop strategic design to communicate, sell and inspire.
We are an award-winning, multidisciplinary and global design firm that caters to a wide range of clients who express willingness to present themselves in a different and remarkable fashion.

Nice to meet you.
We are Bold°_a design company

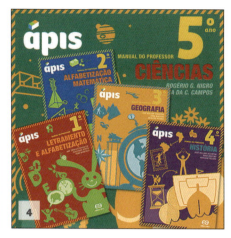

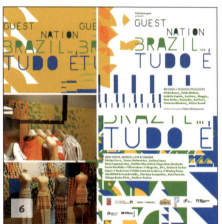

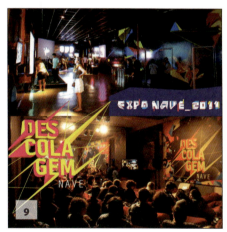
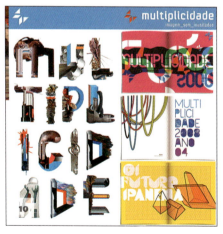

1 Sistema de identidade visual e tipografia corporativa. *visual identity system and corporate typography.* Coca-Cola, 2011. **2** Design de exposição. *Exhibit design.* Mag+, 2010. **3** Design gráfico e identidade visual. *Graphic design and visual identity.* Oi Futuro, 2010 a 2011. **4** Projeto gráfico e design. *Graphic project and design.* Editora Scipione, 2011. **5** Tipografia corporativa. *Corporate typography.* Agência Santa Clara, 2009. **6** Design gráfico, comunicação e identidade visual. *Graphic design, visual identity and comunication.* Pitti Imagine Uomo Firenze, 2011. **7** Direção de arte e videografismo. *Art direction and motion design.* Cara de Cão/ GNT, 2011. **8** Design gráfico, comunicação e identidade visual. *Graphic design, visual identity and communication.* Cia. de Dança Debora Colker, 2011. **9** Design de exposição e identidade visual. *Exhibit design and visual identity.* 27+1 e Descolagem, 2010 a 2011. **10** Branding, design editorial, comunicação e identidade visual. *Branding, editorial design, visual identity and communication.* 27+1, 2005 a 2011.

BRANDER

Marcas não são um coelho que se tira da cartola. Um truque escondido na manga dos profissionais de marketing. Marcas existem no mundo real, ocupam espaço real na vida das pessoas. Seja como protagonistas ou, na maioria das vezes, como discretas coadjuvantes, acompanhando-nos por décadas a fio.

Compreender isso é entender que, assim como não existem pessoas iguais, não existem marcas iguais. Uma diferença, no entanto, nem sempre é visível para os que simplesmente seguem manuais de branding ou tendências de Design. Esse é o segredo da Brander. Para nós, a essência de uma marca é sua verdade. E manifestar essa verdade é libertar seu potencial de realização.

Encontrar a essência de uma marca é um desafio para o olho do artista e a mente do estrategista. Entender seu negócio, encontrar seu posicionamento, definir sua atuação e integrar suas manifestações é dar à marca maior consistência e aumentar seu valor. Não somente para o mercado, mas para as pessoas que verdadeiramente se relacionam com ela.

Brands don't exactly come out of the blue; they're not some kind of trick marketing professionals resort to. Brands exist in the real world and are truly part of people's lives: whether as main actors, or, more commonly as supporting actors playing their role, year after year.

Being aware of this reality is understanding that much like no two people are the same, every brand is different. However, this difference is not always visible for those who simply follow branding manuals or design trends. This is the secret behind Brander: for us, the essence of a brand is its truth. And expressing this truth releases a brand's development potential. Finding the essence of a brand is a challenge both for the eye of the artist and for the mind of the strategic thinker. Understanding a business, finding its position, defining its role and integrating its expressions guarantee greater consistency for the brand and increase its value. This increase is not limited to its market value, but has especially to do with its value for those who truly establish relationships with these brands.

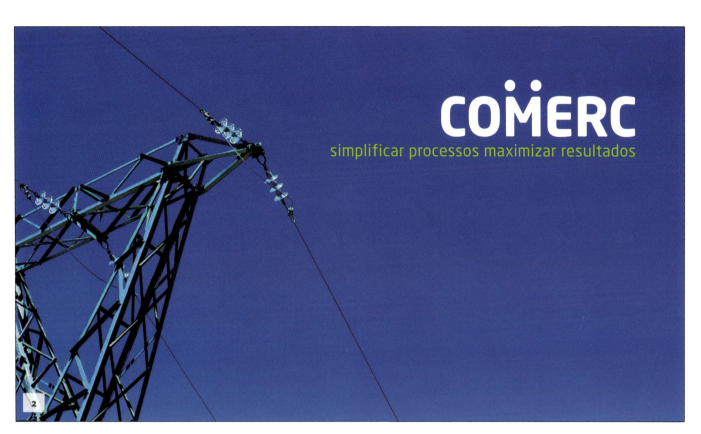

1 Branding: posicionamento de marca e identidade visual. *Branding: brand positioning and visual identity*. Fototica, 2009. **2** Branding: posicionamento de marca e identidade visual. *Branding: brand positioning and visual identity*. Comerc Energia, 2011. **3** Branding: posicionamento de marca, identidade visual e linha de embalagens. *Branding: brand positioning, visual identity and packaging line*. Laticínio Mococa, 2007/2011.

Brainbox
Design Estratégico

Design na Brainbox é estratégia. E por estratégia entendemos planejar design com uma visão holística de comunicação, integrar especialistas e ter o foco em resultado.
Aliás, resultado faz parte do nosso mantra.
    branding > *brand positioning and strategy, naming*, marcas, identidade corporativa.
    packaging > *product positioning*, embalagem.
    retail > *visual merchandising*, sinalização, ambientação, vitrinismo.

At Brainbox, design is strategy. And by strategy, we mean planning design from a holistic standpoint on communication, bringing specialists together and focusing on results.
Actually, results are part of our mantra.
    branding > brand positioning and strategy, naming, brands, corporate identity.
    packaging > product positioning, packaging.
    retail > visual merchandising, signage, ambient media, window dressing.

1 Embalagem Louca Insensatez. *Louca Insensatez: packaging*. O Boticário, 2011. **2** Branding, de uma marca desconhecida a lovemark. *Branding. Lilica Ripilica, from an unknown brand to a lovemark*. Lilica Ripilica, 2001 a 2011.

28 BRAINBOX DESIGN ESTRATÉGICO

Calebe | Design

Concebemos design como um jeito de pensar. Uma inquietude em relação ao que pode ser aprimorado e um compromisso em fazer do mundo um bom lugar para viver. Seja desenvolvendo produtos eficientes ou trabalhando para oferecê-los da melhor forma, o que interessa é um futuro mais agradável e perene. Para isso, precisamos entender as pessoas, suas experiências, seus interesses e, assim, entregar-lhes algo novo, relevante, verdadeiro e, até mesmo, eterno. Ao pensar design, acreditamos que é possível.

We conceive design as a way of thinking; a restlessness in relation to something that may be improved, and a commitment to making the world a better place to live. Whether developing efficient products or working towards offering these products in the best way possible, we are interested in a more enjoyable and lasting future. In order to do so, we need to understand people, their experiences and interests, and thus present them with something new, relevant, real and even eternal.
By thinking design, we believe this is possible.

1 Editorial. *Editorial design.* ABETA/MTur, 2010. **2** Design estratégico. *Strategic design.* Grupo do Bem, 2010. **3** Identidade visual. *Visual identity.* Dr. Eduardo Cabral, 2011.

Caso Design Comunicação

Design e Comunicação são ferramentas de negócios. E são as ferramentas que podem tornar a percepção de uma marca melhor que a dos concorrentes.

A Caso Design Comunicação surgiu há mais de 20 anos, em parte fruto da nossa visão de mercado, em parte resultado da nossa experiência anterior.

A visão de mercado dizia que os clientes estavam realmente à procura de trabalho criativo de qualidade, o que se confirmou com o tempo, até se tornar uma necessidade básica em tempos de concorrência acirrada.

A experiência nos mostrou que, mais do que o caminho escolhido, é importante saber aonde se quer chegar.

Em criação, isso significa entender como o produto, o serviço ou a empresa devem ser vistos pelos consumidores, seja uma marca, um perfil corporativo, uma embalagem ou um filme para TV.

A busca constante por qualidade e pertinência na criação permitiu que trabalhássemos para inúmeras empresas nacionais e multinacionais, em projetos de design e propaganda. Alguns desses trabalhos estão relacionados aqui.

Media and Design are business tools which may be used to improve the perception of a brand in relation to its competition.

Caso Design Comunicação was established over 20 years ago, partly as a result of our knowledge of the market, and partly as a result of our professional background.

Our knowledge of the market indicated clients were truly pursuing top-quality creative projects – time proved us right. Creative projects gradually became essential in an ever-competitive market.

Our professional background helped us see that being fully aware of one's objectives is far more important than the pathway chosen to get there.

In the creative process, this means understanding how the product, service or company should be seen by clients – irrespective if a brand, corporate profile, packaging or TV film.

The constant pursuit for quality and right-on-the-spot creativity has enabled us to work for several national and multinational companies, in design and advertising projects, such as those included herein.

1 Naming, marca, identidade visual e publicidade. Campanha Trânsito+gentil. *Naming, brand, visual identity and advertising. Trânsito+gentil National advertising campaign.* Porto Seguro, 2010/2011. **2** Ambientação e sinalização. Projeto Vitalidade. *Ambient media and signage. "Vitality" Project.* Unilever Brasil e Unilver Leeds/Inglaterra, 2008/2011. **3** Sinalização. *Signage.* Hospital Samaritano, 2011. **4** Naming, marca, identidade visual e publicidade. UseBike. *Naming, brand, corporate identity and advertising. UseBike.* Porto Seguro, 2010. **5** Naming, marca e embalagens. Cachaça Artesanal Premium para Exportação. *Naming, brand and packaging. Export-only premium handmade* cachaça. Pura H.Br, 2006. **6** Naming, marca, identidade visual e embalagens. *Naming, brand, visual identity and packaging.* Gelo 100% de água mineral, 2009. **7** Revitalização da marca. *Brand revitalization,* Clube Hebraica São Paulo, 2011.

claudio novaes conceito/design/criação

Para nós, inteligência tem de ter forma. E fazemos isso acontecer todos os dias. Como? Provocando a linearidade do pensamento. Usando liberdade para reconstruir a lógica. Trazendo a criatividade para fragmentar o percurso racional das ideias.

Esse é um exercício permanente, rico e diversificado, que passa por um repertório construído pela experiência, que pressupõe manter um olhar particular e irrequieto para a realidade, que flerta com o inesperado, provocando identificação e entendimento profundos.

É preciso acreditar no reverso, na contrapartida, no acaso e nas colisões, na complementaridade e no descobrimento. Fazemos paradas, retomadas. O reto nos orienta, a curva nos diferencia e nos inspira. O conjunto nos traduz e nos dá significado.

O processo criativo muitas vezes é desgastante: é o fazer, repetir, fazer novamente, tirar os excessos, lapidar até chegar a um caminho satisfatório. É não seguir modismos, achar um caminho mais duradouro e descobrir que, na maioria das vezes, a solução está no mergulho e entendimento do próprio problema.

We believe that intelligence calls for a shape, a form – and we make it happen every day. How? By challenging linear thinking, by using freedom to rebuild logic. By using creativity to fragment the rational pathway of ideas.

This is an ongoing, fruitful and diversified exercise based on a repertoire built on experience, whose basic premise is to keep our restless eyes open for reality – eyes which also flirt with the unexpected, thus enabling true connection and understanding. It is necessary to believe in the reverse, in the other sides to every story, in fate and in encounters, in the complementary nature of things and in discovery. Yes, we stop over and we restart. We are guided by straight lines, but curves shape us differently and inspire us. The whole translates us and provides us with meaning.

The creative process is often tiresome: it involves doing, repeating, redoing, removing the superfluous and shaping things in order to finally be on the right track. It's all about not doing what everyone else is doing; it has to do with finding a long-lasting pathway and figuring out that more often than not, the solution lies in the plunge into and in the understanding of the problem itself.

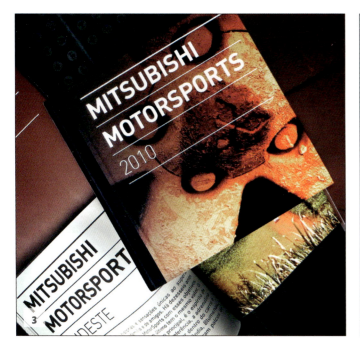

1 Sistema de sinalização interna e externa Shopping Cidade Jardim. *Internal and external signage system Shopping Cidade Jardim.* JHSF, 2008. **2** Identidade visual e linha de embalagens da padaria Em nome do pão. *Visual identity and packaging line for bakery Em nome do pão.* Alex Atala e Rogério Shimura, 2011. **3** Design e projeto gráfico livro Mitsubishi Motorsports. *Design and graphic design for book entitled Mitsubishi Motorsports.* África propaganda e Mitsubishi Motors, 2010. **4** Embalagem Água Mineral Cambuquira. *Packaging for mineral water Cambuquira.* Copasa, 2011.

commcepta

Acreditamos que o Design tem o poder de facilitar a evolução das iniciativas de Inovação, otimizar o desempenho e cativar pessoas nas organizações para colaborar na obtenção de melhores resultados em seus mercados.
Unimos Design e Engenharia de Software com Pesquisa de profundidade, imergindo nas estruturas informacionais e lógicas aliadas à visão de negócio.
Desenvolvemos projetos e sistemas esteticamente consistentes e funcionalmente ricos com o objetivo de criar universos que conectem pessoas.

We believe design has the power to promote the evolution of innovative initiatives, optimize performance and captivate people in organizations, to help obtain better results in their markets.
We combine Design and Software Engineering to thorough research, thereby truly digging deep into the information structure and logic associated to a business-oriented perspective.
We develop aesthetically consistent and functionally rich projects and systems to create universes that connect people.

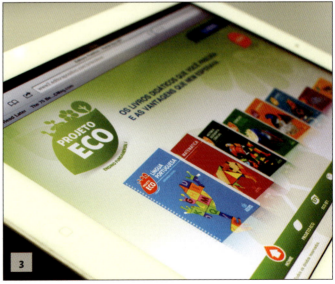

1 Estratégia, rebranding, editorial, capa, projeto gráfico, font design Aurélio – 100 Anos. *Strategy, rebranding, editorial design, cover, graphic design, font design Aurélio - 100 Anos.* Editora Positivo, 2010. **2** Conceito, design de interface, integração *front-end* **CMS Oracle**. *Concept, interface design, front-end integration CMS Oracle.* GVT, 2009-2011. **3** Conceito, branding, editorial, web, interativo, capa, projeto gráfico. *Concept, branding, editorial design, web, interactive, cover, graphic design.* Editora Positivo, 2011.

commgroup branding

Desenvolvemos ideias globais para projetos de personalidade, expressão e experiência de marca. A essência do nosso trabalho na Commgroup Branding é *surpreender*.
Com design que transforma o ponto de vista do consumidor transformando sua relação pessoal com a marca muito além do simples consumo. É inovar para recriar o universo de percepções entre a comunicação de uma marca e as pessoas com quem ela se relaciona de forma inteligente, objetiva, sensível e apaixonante.

We develop global ideas for projects with personality, expression and brand experience. The essence of the work we develop here at Commgroup Branding is to surprise.
To surprise with designs that change clients' point-of-view by making their relationship with the brand go way beyond consumption only. It's all about innovation to recreate the universe of sensations between the communication of a brand and the people with whom it relates, in an intelligent, objective, sensitive and passionate fashion.

1 Branding plan (identity, expression, experience). Passaredo Linhas Aéreas, 2010. **2** Branding identity. Hemocentro, 2011. **3** Branding plan (identity, expression, experience). Trousses, 2010. **4** Branding plan (identity, expression, experience). BFC Alimentos, 2010. **5** Branding plan (identity, expression, experience). Kennzur, 2011.

1

Crama
Design
Estratégico

CRAMA significa o "melhor de um conjunto de pessoas". Somos uma equipe multi e interdisciplinar que segue colaborativamente com o cliente na busca de soluções inteligentes. Profissionais de planejamento e atendimento, redação, design gráfico e de produto, web, *motion graphics* e arquitetura trabalham juntos, aprofundando práticas e processos estratégicos que colaborem efetivamente para a ampliação do relacionamento dessas empresas com todos os seus públicos, nos mais diversos pontos de contato.

Atuamos da construção da marca à consolidação da imagem, da fundamentação do discurso à abordagem de comunicação, do conceito ao alinhamento da identidade visual às possibilidades do negócio. Somos quase 70 pessoas pensando juntas para ir além do resultado gráfico e entregar o que chamamos de *design completo* para clientes como Avon, Vale, Oi, Technos, Diageo, Bob's, Sonangol, Globo News, Infoglobo, Novartis, TVA, Beleza Natural, EMI, H.Stern, XP Investimentos, Instituto Alpargatas e Petrobras.

CRAMA means the "best set of people". We are a multi and interdisciplinary team that pursues intelligent solutions together with our clients. Planning and Account Services, Creative Department, Graphic and Product Design, Web, Motion Graphics and Architecture personnel work together to develop practices and strategic processes that effectively contribute to enhance the relationship of companies with their clients, irrespective of media. Our services include brand building and image consolidation, basis of discourse and communicative approach, from concept development to alignment with the visual identity of the brand and the many business possibilities. Our team is comprised of almost 70 people thinking together to go beyond graphic result and deliver what we refer to as FULL DEIGN for clients such as Avon, Vale, Oi, Technos, Diageo, Bob's, Sonangol, Globo News, Infoglobo, Novartis, TVA, Beleza Natural, EMI, H.Stern, XP Investimentos, Instituto Alpargatas and Petrobras.

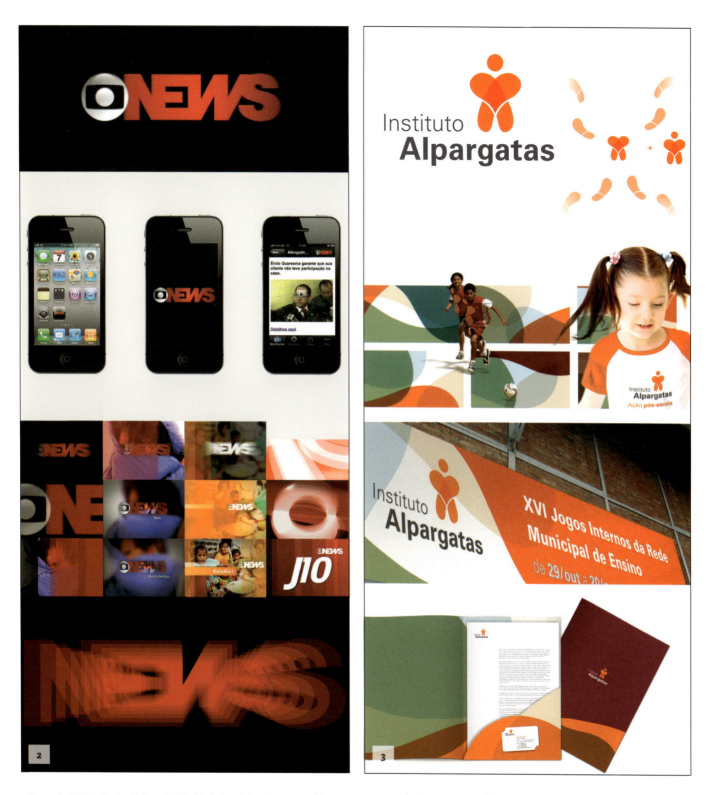

1 Franquia Oi São Paulo. *Project: Oi São Paulo franchise.* Oi, 2009. **2** Nova marca e *on air look* para o canal Globo News *Project: new brand and on air look for Globo News (TV network).* Globo News, 2010. **3** Nova marca e identidade visual para o Instituto Alpargatas. *Project: new brand and visual identity for Instituto Alpargatas.* Instituto Alpargatas, 2010.

Criacittá

Principais clientes: Havaianas, Skol, Bohemia, TAM, Ambev Franquias, Ambev foodService. O que dizemos: "consumidores e marcas convivem todo o tempo criando e absorvendo conteúdos e cultura. Acreditamos que, por mais que o mundo mude, a presença física ainda é o principal ambiente de relacionamento para que esses momentos sejam, de fato, experiências influenciadoras."

Main clients: Havaianas, Skol, Bohemia, TAM, Ambev Franquias, Ambev foodservice.
What we have to say: "clients and brands coexist all the time, thus creating and absorbing contents and culture. we believe that even though the world changes, physical presence is still the most important relationship environment for these moments to in fact be influencing experiences."

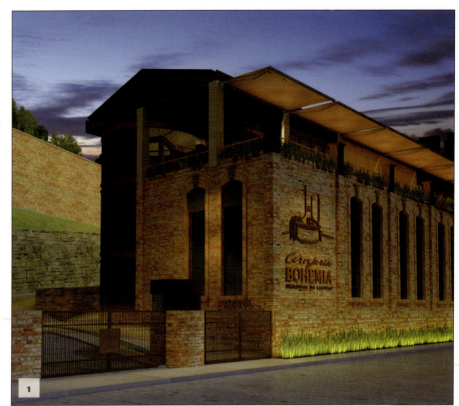

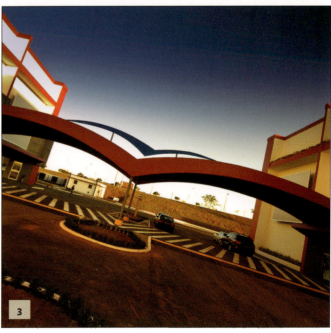

1 Projetos Especiais – conceito, arquitetura, conteúdo, comunicação visual. *Special Projects (concept, architecture, content, visual communication)* Cervejaria Bohemia, 2011. **2** Visual merchandising – Window-shop Milão. *Visual merchandising (Window shop in Milan).* Havaianas, 2011. **3** Projetos Especiais – fachada, receptivo, área de acolhimento, comunicação visual, dioramas cênicos. *Special Projects (facade, reception, client reception area, visual communication, scenic dioramas).* TAM, 2010.

Design Absoluto

A Design Absoluto é um escritório especializado em criação, desenvolvimento e implementação de conceitos para marcas e produtos de consumo.

Combinamos excelência em criação com um aprofundado estudo dos consumidores, buscando sempre um olhar diferenciado na comunicação dos *properties* das marcas.

Fazemos design aliado ao planejamento para encantar e conectar corações e mentes dos consumidores. O resultado? Um design poderoso e com personalidade que traz diferencial e agrega valor às marcas.

Design Absoluto is a design company specializing in the creation, development and implementation of concepts for brands and consumer goods.

We combine creative excellency and thorough client research in order to always provide a different perspective in the communication with the properties of the brands.

We create design together with planning to enchant and connect our client's heart and soul. The result: a powerful creation, full of personality, that brings a different edge and adds value to the brands.

1 Reposicionamento completo de portfólio: Planejamento estratégico, branding e embalagens. *Full portfolio repositioning: strategic planning, branding and packaging.* Kibon LatAm, desde 2006. **2** Alinhamento e reposicionamento de portfólio: planejamento estratégico, branding e embalagens. *Portfolio alignment and repositioning: strategic planning, branding and packaging.* Bauducco, desde 2008. **3** Planejamento estratégico, branding, ambientação, comunicação. *Strategic planning, branding, ambience, communication/media.* Lanchonete da Cidade, desde 2004.

dezign com z

Somos apaixonados pelo design que traduz significados. Ajudamos marcas a construírem suas identidades para ampliar e amplificar seus negócios e relações.

Para nós, criar a identidade de uma marca não é um processo linear nem é fruto de *insights* isolados. É a arte de absorver a sua essência, captar suas razões e sentir suas emoções. E incorporar tudo isso a tal ponto, de pensar como ela pensa, enxergar como ela enxerga, e fazer como ela faria, usando as nossas competências de design e percepções do mundo, nosso repertório técnico, artístico, sensível, tecnológico. Essa é a arte do camaleão.

O camaleão representa nossa maneira de pensar e fazer design, de nos aproximar do cliente, criar com ele e a partir dele, de incorporar os valores mais genuínos da marca e usar a inteligência do mimetismo para transformar significados em identidade, pura expressão da essência.

We are passionate about design that translates meaning. We help brands build their identities to expand and broaden their businesses and relationships. We believe that creating a brand identity is not a linear process, nor is it a result of isolated insights. It is the art of absorbing its essence, understanding its reasons and feeling its emotions. And embodying all this until one is able to think as it thinks, see as it sees and do as it does, using our design skills and understanding of the world, our technical, artistic, sensitive and technological repertoire. This is the art of the chameleon.

The chameleon represents how we see and create design – by establishing a close relationship with our clients, creating together with them to embody the most genuine values of a brand and use the intelligence of mimicry to transform meanings into identity – pure expression of essence.

1

2

3

3

3

1 Redesenho de identidade visual corporativa. *Redesign of corporate visual identity*. **Multiplus, 2011. 2** Redesenho de identidade visual linha Natura Homem. *Redesign of visual identity for line Natura Homem*. **Natura, 2011. 3** Identidade visual marca própria St. Marche. *Visual Identity for St Marche (our brand)*. **St. Marche, 2010.**

Dia Comunicação

Nossa sociedade se transforma de forma acelerada. As novas tecnologias, que chegam ao mercado num processo contínuo, contribuem para mudanças em nossos hábitos, em nossos valores.

Neste contexto, a necessidade das marcas, de se comunicarem com públicos cada vez mais segmentados, dificilmente é atendida apenas com um planejamento de marketing tradicional.

A DIA tem uma visão holística da comunicação em seu DNA e se coloca como uma parceira estratégica das marcas que precisam de soluções customizadas, para atingir, com a velocidade necessária, consumidores que estão potencialmente conectados em todos os lugares, 24 horas por dia.

Fazemos isso com a constante busca de novas metodologias e com o investimento na especialização e atualização de nossos profissionais, para transformar compradores em consumidores; público-alvo em clientes; encantamento em fidelização; estratégias em resultados.

Afinal, não existe realização maior do que colaborar para tornar as marcas dos nossos clientes as mais desejadas pelas pessoas.

Our society is developing and changing at an unprecedented speed. New technologies that continually hit the market contribute to the transformation of our habits and values.

In this context, brands have to communicate with increasingly segmented audiences – and this communication is hardly achieved by means of traditional marketing planning only.

DIA carries a holistic view of communication in its DNA, and acts as a strategic partner of brands looking for tailored solutions in order to keep up with their clients' pace – clients who are possibly connected twenty-four hours a day, seven days a week, all over the place.

Our results are brought forth by the constant pursuit of new methodologies and by investing in the training and specialization of our personnel. This is what we do to transform buyers into consumers, target audiences into clients, enchantment into loyalty and strategies into results.

After all, there is nothing like helping our clients' brands become more desirable to the world's eyes.

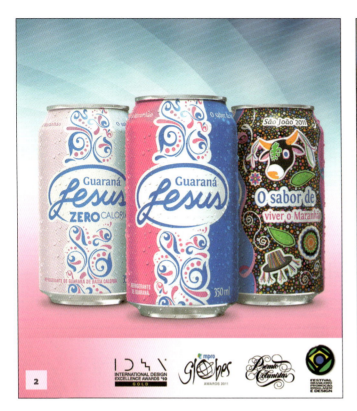

1 Van Gogh – Projeto da assinatura Santander Van Gogh e do modelo de suas agências. *Van Gogh – Project for signature Santander Van Gogh and décor/design for the bank branches.* **Banco Santander. 2** Guaraná Jesus – Projeto completo de branding: DNA, estratégia, posicionamento e papel no portfólio da empresa. **Coca-Cola.** *Guaraná Jesus – Complete branding project: DNA, strategy, positioning and role in portfolio of Coca-Cola.* **3** Via Rio – Identidade de marca, todo o universo de sua aplicação e ambiência para os espaços. *Via Rio – Brand identity, universe for the application of the identity and ambience for its venues.* **4** Coca Brasília – Embalagem comemorativa dos 50 anos de Brasília. *Coca Brasília – Packaging to celebrate the fifty years of Brasília.* **Coca Cola. 5** Campanha para a divulgação da ação de recolhimento de brinquedos para as pessoas carentes, nas lojas da rede. *Toy donation campaign for drugstore Drogaria São Paulo – Campaign to promote the collection of toys, at the stores, for underprivileged children.* **Drogaria São Paulo.**

Dialogo Design

A Dialogo é uma empresa de *Communication Design* que atua na construção, renovação e gerenciamento de marcas e *commodities*.
Movida pela inovação, nossos serviços *in-house* incluem branding, design gráfico corporativo, PDV, design de embalagem, editorial e digital, e design de produto.
Estamos centrados na realidade e na realização. Nosso *expertise* em materiais e processos garante o melhor trabalho possível com tempo e verba definidos.

Dialogo is a Communication Design firm working in the building, renewal and management of brands and commodities.
Moved by innovation, our in-house services include branding, corporate graphic design, POS, packaging design, editorial and digital design and product design.
We are focused on reality and on accomplishment. Our material and process expertise guarantees the best job possible within the defined time and budget.

1 Embalagem. *Packaging.* Hortifruti, 2008. **2** Branding. *Branding.* BR Petrobras, 2011. **3** Marketing direto. *Direct marketing.* Prefeitura do Rio de Janeiro, 2009.

Dupla Design

Para a Dupla Design, marcas são conceitos. Experiências. E, quando têm uma boa gestão, conseguem conquistar um lugar cativo nos disputados corações [e mentes] dos seus públicos, por meio da diferenciação.
O Design é um elemento criativo. Estratégico. Um modo de pensar o mundo. De entender cada indivíduo – seus desejos e necessidades. De decifrar a vida – seus processos e linguagens – e torná-la melhor. Para todos.
É o Design transversal – como a Dupla Design pratica – que traz consistência. Inova. Cria diferenciais. Constrói marcas fortes na era da economia criativa.

For Dupla Design, brands are concepts. Experiences. When adequately managed, brands are able to occupy a captive place in the disputed hearts [and minds] of their audiences – by being different.
Design is a creative, strategic element. It is a tool to understand the world. To understand each individual in his desires and needs. To decipher life – its processes and languages – and make it better. For everyone.
It is the transversal Design – which is a practice at Dupla Design – that brings forth consistency. Innovates. Diversifies. Builds strong brands in the age of creative economy.

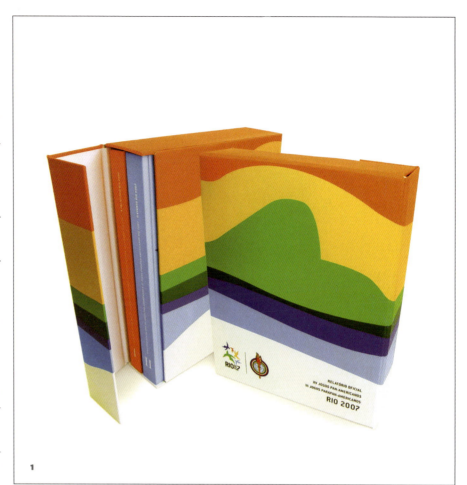

1 Relatório Oficial dos XV Jogos Pan-americanos e III Jogos Parapan-americanos Rio 2007 [2008], com o Branding 360°, desenvolvido desde 2003. *Official Report for the XV Panamerican Games and III and III Parapanamerican Games, Rio 2007 [2008], with Branding 360° developed since 2003.* **2** Marca e linguagem visual criadas para a ArtRio – Feira Internacional de Arte Contemporânea do Rio de Janeiro, 2011. *Brand and visual language created for ArtRio – Rio de Janeiro International Contemporary Art Fair, 2011.* **3** Branding Diagonal, 2010. *Branding Diagonal, 2010.*

eita iltda

Oferecer produtos e serviços de qualidade hoje é uma *commodity*. Para realmente estar à frente da concorrência, é preciso oferecer um algo a mais, diferente, único e surpreendente. Construir marcas fortes, bem posicionadas, criar nas empresas um ambiente propício à formulação do novo (novas estratégias de mercado, serviços e produtos que conquistem e mantenham o cliente) são algumas das atitudes que devemos tomar para isso. E o design é fundamental nesse processo.

Nowadays, providing quality products and services is a commodity. In order to truly have a competitive edge, companies have to go that extra mile; offer something different, unique and surprising. Building strong and well-positioned brands, creating corporate environments capable of bringing forth innovation (new market strategies, services and products to not only bring in clients, but also to keep them) are some of the actions that result in this competitive edge – and design is crucial in this process.

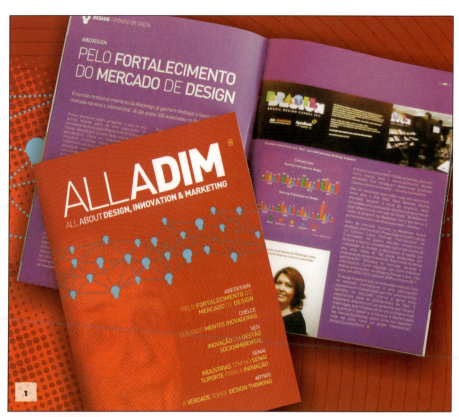

1 Publicação da *Eita*, destinada a promover o design, a inovação e o marketing. *Eita publication whose purpose is to promote design, innovation and marketing* Revista *Alladim*, 2011. **2** Identidade e coleção de produtos sustentáveis. *Identity and collection of sustainable products developed for Unimed Fortaleza* Unimed Fortaleza, 2010. **3** Posicionamento e identidade de marca. *Brand Identity Positioning for Oka Planejados* Oka Planejados, 2011.

46 EITA ILTDA

forminform | mapinguari design

Design como vetor de desenvolvimento sustentável e inclusão social que colabora no posicionamento dos excluídos nos mercados por meio da construção de identidades de forma participativa. O Design participativo, metodologia desenvolvida e aplicada pelo Mapinguari, fortalece as identidades dos grupos atendidos. Design como impulsionador de novos hábitos e estilos de vida que garantam a mesma qualidade de vida às próximas gerações. Design como atuação estratégica nas empresas e nas comunidades.
O Design como ferramenta de construção de um futuro melhor.

Design as a tool to promote sustainable development and social inclusion, which helps positioning those excluded from the market by building identities by means of active participation. The all-encompassing design and the methodology developed and used by Mapinguari strengthen the identity of the groups that use its services.
Design as a trigger for new habits and lifestyles to guarantee the same quality of life for the next generations. Design as strategic action both in companies and in communities.
Design as a tool to build a better future.

1 Branding participativo. *Participative branding.* Mulheres de Barro, 2010. **2** Branding participativo, identidade. Ver-as-Ervas, 2007, Gemas da Amazônia, 2009, *Participative branding, identity - Ver-as-Ervas, 2007, Amazon Gems, 2009,* Cardume de Mães, 2009. **3** Apresentação de branding e estratégia de posicionamento da Associação Ver-as-Ervas, com votação de sua identidade visual. 2007. *Presentation on branding and positioning strategy at Associação Ver-as-Ervas, including a voting session on its visual identity. 2007.* Associação de Erveiros e Erveiras do Ver-o-Peso, Belém, PA, 2007.

FutureBrand BC&H

No Brasil desde 2002, a FutureBrand prepara marcas para novos desafios, oferecendo uma gama completa de serviços em consultoria de branding. A empresa trabalha o conceito de marca de maneira abrangente, desde a sua concepção até a implementação e monitoramento, passando pelo desenvolvimento e pela consolidação de suas expressões. A FututeBrand auxilia seus clientes na construção de identidades poderosas, que acentuem a diferenciação e gerem preferência e valor.

Com sede em São Paulo, a empresa tem como sócios Hélio Mariz de Carvalho e Cesar Hirata. Entre seus principais clientes estão Abril, BRFoods, Camargo Corrêa, Cielo, Garoto, Grupo Boticário, Grupo Pão de Açúcar, Medley, Mistral, Nestlé, Pernambucanas e Saraiva.

In Brazil since 2002, FutureBrand prepares brands for new challenges by offering a wide range of branding consulting services. The company fully develops the brand concept – from conception to implementation and monitoring, development and consolidation of its expressions included. FutureBrand helps its clients build powerful identities highlighted by singularities, thus resulting in preference and value.

Based in São Paulo, its partners include Hélio Mariz de Carvalho and Cesar Hirata. Among the company's top clients are Abril, BRFoods, Camargo Corrêa, Cielo, Garoto, Grupo Boticário, Grupo Pão de Açúcar, Medley, Mistral, Nestlé, Pernambucanas and Saraiva.

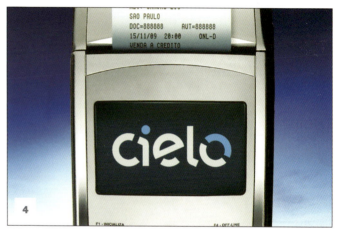
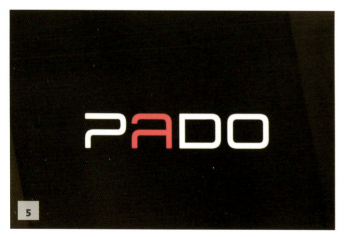

1 Projeto de estratégia e nova identidade visual para a marca. *Strategy project and new visual identity for brand O Boticário.* O Boticário, 2011. **2** Projeto de estratégia, design ambiental e nova identidade visual para a marca. *Environmental design, strategy project and new visual identity for brand Pão de Açúcar.* Pão de Açúcar, 2011. **3** Desenvolvimento de *shape* e identidade visual para as bebidas Fast. *Development of shape and visual identity for Fast beverages, produced by Nestlé.* Nestlé, 2010. **4** Projeto de estratégia, naming e identidade visual para a marca. *Strategy project, naming and visual identity for brand Cielo.* Cielo, 2010. **5** Projeto de estratégia e nova identidade visual para a marca. *Strategy project and new visual identity for brand Pado.* Pado, 2010. **6** Projeto de estratégia, naming, identidade visual e design de produto para o perfume Aflorá. *Strategy project, naming, visual identity and product design for fragrance Aflorá, developed by brand Eudora.* Eudora, 2011.

GAD' Grupo de Serviços de Marca

O GAD' Grupo de Serviços de Marca é a maior consultoria de branding e design do Brasil. Após 25 anos de história e projetos premiados internacionalmente, as atividades foram ampliadas, alcançando outras vertentes na área de comunicação. Atualmente, são cinco empresas, incluindo agência de comunicação e operações especializadas em branding, inovação, varejo, além de comunicação digital e tecnologia.

As empresas atuam de forma independente ou em mix, mas todos os trabalhos do grupo são marcados pela abordagem estratégica e interdisciplinar, que norteia os conceitos e a visão de cada operação. Com foco nos resultados, o objetivo é criar condições ideais para que os clientes se diferenciem no mercado, por meio da construção de marcas, relacionamentos e experiências que geram valor e transformam negócios.

O GAD' é considerado referência mundial nas áreas em que atua. No total, a estrutura conta com mais de 170 profissionais nos escritórios de Porto Alegre, São Paulo e Novo Hamburgo (RS).

GAD' Grupo de Serviços de Marca is the branding and design consulting company in Brazil. After 25 years of history and projects acclaimed worldwide, the company's activities were further broadened and currently encompass other areas of media and communication. Nowadays, the group is comprised of five companies, including a media agency specializing in branding, innovation, retail, digital media and technology.

The companies work both together and independently, but all the work developed by the group is defined by the same strategic and interdisciplinary approach that guides the concepts and vision of each job. Focused on results, the purpose of the group is to create ideal conditions for clients to stand out in the market, by developing brands, relationships and experiences that add value and change businesses.

GAD' is seen as a global reference in its many practices. The group is currently comprised of more than 170 professionals, with offices in Porto Alegre, São Paulo and Novo Hamburgo (state of Rio Grande do Sul).

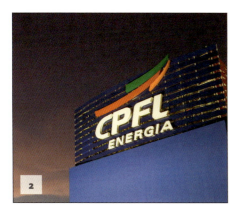

1 *Retail design e merchandising.* Retail design and merchandising. Vivo, 2008 a 2011. **2** Gestão e comunicação de marca. *Brand management and communication* . CPFL Energia, 2001 a 2011. **3** Design de produto – expressão de linguagem. *Product design – language expression.* Mercur, 2010. **4** Gestão digital. *Digital management.* Converse All Star, 2010. **5** Design de ambiente promocional. *Exhibition Unit Design.* LG, 2009. **6** Estratégia de marca, naming, identidade e linguagem de marca, *concept design de ambientes. Brand Strategy, Naming, Brand Identity and Language, Environment Concept Design.* Grupo Fleury A+ Medicina Diagnóstica, 2011. **7** Sistema de visual *merchandising,* display de PDV. *Visual merchandising system, POS Display.* Fila, 2011. **8** Estratégia de marca, naming e identidade da marca NOW. *Brand strategy, naming and identity of brand NOW.* NET, 2011.

51 GAD' GRUPO DE SERVIÇOS DE MARCA

GRECO DESIGN

O design, atualmente, visto como ferramenta de negócio, inovou o seu repertório técnico e criativo para tornar tangíveis as estratégias das empresas e materializar as características que influenciarão o comportamento do consumidor no momento da escolha por este ou aquele produto, por esta ou aquela marca. A nova economia voltou-se para ofertas de experiências e envolvimento emocional do consumidor e, nesse novo cenário, não cabe mais ao designer projetar somente produtos, mas construir uma conexão emocional das marcas com seu usuário e promover uma relação memorável e duradoura entre eles.

Para nós, da Greco Design, também é importante privilegiar as relações entre as pessoas, tornar as informações acessíveis, dando atenção aos detalhes sem perder a visão do todo. Acreditamos numa atividade de design que busque estímulos que ultrapassem os procedimentos da metodologia projetual tradicional – computador e *layout* – por meio de um pensamento multissensorial.

Nosso espaço de trabalho e nossas maneiras de trabalhar criam uma atmosfera que favorece a criação de novas soluções formais expressivas.

Design is currently seen as a business tool; it has innovated both its technical and creative repertoire to render companies' strategies tangible and to materialize the characteristics that will influence consumer behavior when choosing a given product or brand. The new economy is directed towards offering experiences and especially the emotional engagement of clients; in this new scenario, designers can no longer create products only, but have to create an emotional connection between brands and their users, including the promotion of a memorable and long-lasting relationship between them.

At Greco Design, we also believe that it is important to prioritize personal relationships, by being detail-oriented without losing sight of the whole. We believe in design that pursuits motivation that goes beyond traditional project-oriented methodology – computer and layout by means of multi-sensory thinking.

Our work environment and methodology help set an environment that enhances the creation of new, formal and expressive solutions.

1 Sistema de sinalização. *Signage system*. Fundação Dom Cabral, 2010. **2** Relatório Anual. *Annual Report*. Mendes Júnior, 2010. **3** Design editorial. *Editorial design*. Rona Editora, 2011.

1

hardy design

Dedicar tempo para entender a demanda do cliente e realizar um diagnóstico preciso são importantes pontos de partida para um projeto. O raciocínio de design deve envolver pesquisa, *expertise* técnica, experimentação e muito empenho. Esse pensamento estruturado leva à descoberta de oportunidades, estratégias pertinentes e ideias inovadoras que transformam, ajudam a conceber novos negócios, construir e fortalecer marcas.

A evolução do design está, para nós, muito ligada à capacidade de criar experiências relevantes. Dessa forma, acreditamos que o bom resultado é capaz de construir uma relação emocional e duradoura das marcas com seu público.

Com a convicção de que o melhor design acontece com compromisso pessoal e cuidado com os detalhes, a Hardy Design foi fundada em 2004. A agência atua na criação de identidades, projetos editoriais, design digital, sinalização e embalagens.

Both time to understand client needs and the preparation of a precise assessment are necessary to develop a project. The creative process behind design must necessarily include research, technical expertise, tests and a lot of effort. This structured thinking leads to the discovery of opportunities, adequate strategies and innovative ideas that transform, help conceive new businesses and build and strengthen brands.

We believe that the evolution of design is intimately connected to the ability to create relevant experiences. As such, we believe that good results are capable of building an emotional and long-lasting relationship between brands and their clients.

Hard Design was established in 2004 with the firm belief that top-quality design happens with personal commitment and attention to detail. The agency develops identities, editorial design, digital design, signage and packaging projects.

1 Sistema de sinalização. *Signage system.* Ferrous, 2011. **2** Identidade e sinalização. *2 Identity and signage.* Inhotim, 2009. **3** Revitalização do portfólio de produtos. *Revitalization of product profile.* Água de Cheiro, 2008/ 2011.

HAL 9000
comunicação e design

Toda comunicação proporciona relacionamento, mesmo em uma embalagem de xícara ou de panelas, literalmente. E um bom relacionamento dura.
A HAL9000 faz projetos de produto, embalagem e comunicação. Um exemplo disso é a marca Euro, que, em seis anos, foi de 15 para 450 itens e hoje concorre com Tramontina e Panex. Desenvolvemos produtos, embalagens, propaganda, assessoria de imprensa, PDV e feiras.
E essa história continua dando frutos.
Conheça a HAL9000, para criarmos nossa história juntos.

Every communication results in a relationship, even if it involves the packaging of a mug or pans, literally. And solid relationships are long-lasting.
HAL9000 develops projects for products, packaging and media. An example of this work is brand Euro, which jumped from 15 to 450 items in six years and nowadays competes with brands Tramontina and Panex. We work with products, packaging, advertising, press relations, POS and roadshows.
Our story has many successful endings.
Come visit HAL9000, and let's continue telling your story together.

1 Planejamento, packaging, design estrutural, design de decoração. *Planning, packaging, structural design, interior design.* Euro Home, 2011. **2** Redesign. *Redesign.* Grupo Carrefour | Dia%, 2010. **3** Branding. *Branding.* Logistis, 2009. **4** Pesquisa e desenvolvimento, projeto de produto e embalagem. *R&D, product design and packaging.* Euro Home, 2011.

HAUS + PACKING design

Entendemos o design como uma poderosa ferramenta estratégica de diferenciação, agregação de valor e inovação. Em cada projeto, integramos processos, tecnologias e sistemas no âmbito tangível, a conceitos, valores e experiências no âmbito mais humano e subjetivo, criando soluções ou reinventando o que já existe, mudando ou reforçando, a percepção dos produtos e serviços.
Para isso, fazemos uma imersão profunda no universo da marca compreendendo essência, valores e objetivos de mercado, para transformá-los em real valor e diferencial competitivo, sempre orientados pela inovação.

We see design as a powerful strategic tool in creating diversification, adding value and innovation. In every project, we integrate processes, technologies and systems in the tangible environment to concepts, values and experiences, in a human and subjective scope, creating solutions or reinventing things, so as to change or reinforce the perception of products or services.
We explore the universe of the brand to understand the essence, values and market aims, to transform them into real value and competitive edge, and searching for innovation.

1 Identidade corporativa. *Corporate identity.* Penina – Ingredients Creation, 2010. **2** Estrutural. *Structural.* Bunge – Óleo Salada, 2010. **3** Embalagem. *Packaging.* Ferla – Mini Cookies de Aveia, 2011.

JMD comunicação

Empresas comunicam benefícios e consumidores compram experiências. Experiências têm sabor de lembrança, sorrisos, marcas e de *espetáculo*.

A JMD COMUNICAÇÃO transforma necessidades de comunicação e design em espetáculos. Para criar espetáculos inesquecíveis, dividimos nossa atuação em quatro tipos de shows:

Showtime - criação de apresentações digitais de alto impacto.

Showroom - soluções de design promocional para eventos e PDV.

Showclick - planejamento e criação de materiais digitais, campanhas e websites.

Showcases - design gráfico, estratégia e inteligência projetual.

Confie na JMD e experimente resultados espetaculares.

Companies communicate benefits and consumers buy experiences. Experiences taste like memories, smiles, brands and *entertainment*.

JMD COMUNICAÇÃO transforms communication and design needs into *entertainment*. In order to create unforgettable entertainment, our activities are divided into four types of shows:

Showtime - creation of high-impact digital presentations.

Showroom - marketing planning and exhibition unit (promotional marketing environment) solutions for roadshows and POS.

Showclick - planning and creation of digital material, campaigns and websites.

Showcases - graphic design together with project strategy and intelligence.

Believe in JMD and find out what spectacular results are all about.

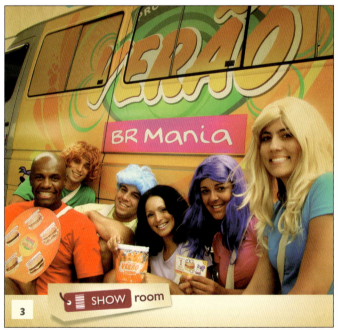

1 Apresentações corporativas. *Corporate presentations.* Projetos de 2011. **2** Identidade visual. *Visual identity.* Restaurante Aquarela, 2010. Material institucional. *Institutional material.* Saf do Brasil, 2011. Material institucional. *Institutional material.* Hotel Intercontinental, 2010. **3** Campanha. *Campaign.* Verão BR Mania, 2009. **4** Site da construtora Gotardo Engenharia. *Gotardo Engenharia construction company website, 2011.*

Indústria Nacional Design

Com 12 anos de experiência, resultados e prêmios, incluindo três Leões em Cannes na categoria design. Somos uma empresa de product communication: transformamos marcas em objetos, *displays*, sinalização, brindes, embalagens etc. Nossa equipe é absurdamente criativa. Mas isso não é mais vantagem no mercado de comunicação e design. Então o que fazemos de melhor? Realizamos o que criamos: misturando materiais, fábricas, tecnologias e processos para tirar sua marca do papel.

With 12 years of experience, results and awards, including 3 Lions at the Cannes Festival in the design category, we are a product communication company: we transform brands into objects, displays, signage, gifts, packaging, etc. Our team is absurdly creative. But this is no longer an advantage in the design and communications market. So what is it that we do best? We put everything we create into practice by mixing materials, fabric, technologies and processes to make your brand come true.

1 Estratégia de posicionamento. *Positioning strategy.* Indústria Nacional Design, 2011. **2** Criação de embalagem inovadora. *Creation of innovative packaging.* Hortifruti Supermercados, 2008. **3** Vaso Capitonet. *Capitonet Vase.* Indústria Nacional Delivery, 2010.

Kiko Farkas
Máquina Estúdio

As ferramentas fundamentais no trabalho de Kiko são o desenho e a paixão pela cor. Apesar de sua liberdade criativa ao usar qualquer coisa que cruze seu caminho, os trabalhos da Máquina Estúdio são bem equilibrados, muito claros e nunca ilegíveis. Acima de tudo, Kiko preza demais a beleza e humor e os usa para alcançar seus objetivos como designer gráfico.
Kiko Farkas é fundador da ADG, e membro da AGI – Aliance Graphique Internationale.

The essential tools used in Kiko's work are design and passion for color. In spite of the creative freedom seen in its use of anything that is available, projects developed at Máquina Estúdio are balanced, clear and never illegible. Above all, Kiko truly praises beauty and humor and uses them to achieve his objectives as a graphic designer.
Kiko Farkas is the founder of ADG and member of AGI - Aliance Graphique Internationale.

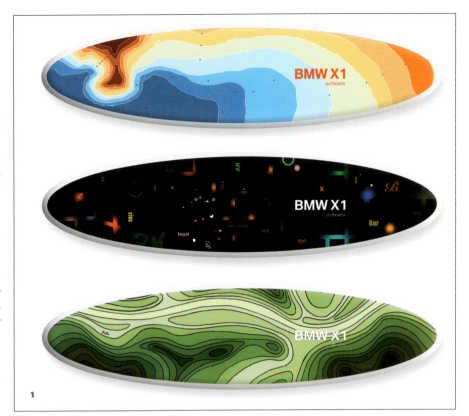

1 Pranchas de surf promocionais. *Promotional surfboards.* BMW, 2010. **2** Identidade visual. *Visual identity.* Editora Livre, 2010. **3** Identidade/comunicação do evento – prêmio ABC. *Identity/vent communications – ABC Award.* ABC – Associação Brasileira de Cinematografia, 2011. **4** Identidade visual. *Visual identity.* Museu Exploratório de ciências - Unicamp, 2010.

1

keenwork design

A Keenwork é uma empresa multidisciplinar de branding e design, que oferece estratégias e criatividade para construir marcas e experiências, sob a ótica de um mundo globalizado, no qual a capacidade de uma marca para estabelecer uma conexão emocional faz a grande diferença nos negócios.

Ajudamos o cliente a entender e construir o posicionamento de suas marcas. Criamos e implementamos projetos de *naming*, *brand strategy*, identidade visual e verbal, embalagens e ambientação.

Trabalhamos próximos a nossos clientes, mergulhamos no universo do consumidor e da marca, o que nos possibilita visualizar com clareza sua essência para criar experiências, histórias e marcas inspiradoras.

Aliando experiência global e profundo conhecimento do mercado latino-americano, a Keenwork ajuda empresas brasileiras líderes a se posicionarem no mercado global e empresas líderes globais a atuarem com alto desempenho no mercado local.

Se a sua empresa se identifica com estas ideias, contate a Keenwork.

Keenwork is a multidisciplinary branding and design company that offers strategies and creativity to build brands and experiences within the context of a globalized world, where a brand's ability to establish an emotional connection with its customers is what truly makes a difference business-wise.

We help clients understand and build the positioning of their brands. We create and implement naming, brand strategy, visual and verbal identity, packaging and branded environmentals.

We work close to our clients; we take a deep plunge into the brand's and into the customer's universe, which allows us to clearly visualize their essence, so as to create inspiring experiences, stories and brands. Combining global background and deep knowledge of the Latin American market, Keenwork has helped leading Brazilian companies in positioning themselves in the global market, and also leading global companies in fully developing their business in the local market.

If your company relates to these ideas, touch base with Keenwork.

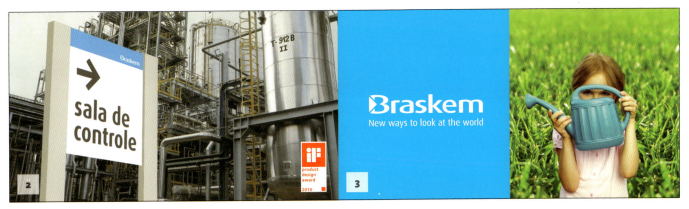

1 Estratégia de marca, naming e identidade de marca. *Brand strategy, naming and brand identity*. Maceió Shopping, 2009. **2** Programa de sinalização. *Signage program*. Braskem, 2010 (IF Design Award Winner). **3** Identidade de marca. *Brand identity*. Braskem, 2009. **4** Retail design e experiência de marca. *Retail design and brand experience*. GE Eletromésticos Brasil, 2010. **5** Renovação de marca. *Brand renewal*. Continental Eletrodomésticos, 2009. **6** Estratégia de marca, naming e identidade de marca. *Brand strategy, naming and brand identity*. Metalfrio Sustainable global refrigeration, 2010. **7** Arquitetura e experiência de marca. *Architectural design and brand experience – K Fair Germany*. Braskem, 2010. **8** Embalagens. *Packaging*. Suvinil – BASF, 2009.

1

KOMM::
DESIGN
STRATEGY

Somos uma agência de Branding e Design descomplicada. Acreditamos no valor do design como diferencial competitivo. Prezamos por um relacionamento de longo prazo que permita a gestão e construção da identidade de marcas inspiradoras, relevantes e com grande poder representativo para seu público estratégico.

Pensar e oferecer soluções estratégicas e integradas, aliadas a um design criativo, atrativo e inovador é o foco do nosso trabalho. Para isso, acompanhamos as tendências e a constante evolução do mercado.

Acreditamos também no valor das pessoas, e contamos com uma equipe de profissionais de diferentes áreas, que contribuem com seus conhecimentos e repertórios nas nossas ações de design gráfico, digital, produto, embalagem e identidade corporativa.

Nossa ferramenta metodológica é o *brand care*, que integra diagnóstico, planejamento, identidade, expressão e gestão para a busca pelos melhores resultados.

We are an 'easygoing' Design and Branding agency. We believe in the value of design as a competitive edge. We appreciate long-term relationships that provide for identity building and management of inspiring and relevant brands with strong representation power before their strategic audience.

Our work is focused on developing and offering strategic and integrated solutions, together with creative, attractive and innovative design. In order to do so, we follow up not only the trends, but also the constant market evolution.

We also believe in the value of people, and we count on a team of professionals from different areas who contribute with their knowledge and background in our graphic and digital design, product, packaging and corporate identity actions.

Our methodological tool is BRAND CARE, which integrates identification, planning, identity, expression and management in the pursuit of excellent result.

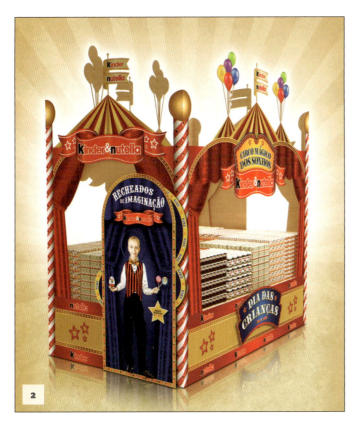

1 Identidade visual e design de embalagem. *Visual identity and packaging design.* O Boticário, 2011. **2** Material de PDV. *POS Material.* Ferrero Rocher, 2010. **3** Material de PDV. *POS Material.* Bombril, 2011. **4** Identidade visual e design de embalagem. *Visual identity and packaging design.* Leão, 2009. **5** Projeto de produto (Mobiliário Urbano). *Product design (Urban furniture).* Fundação Cultural de Curitiba, 2010. **6** Identidade visual e design de embalagem. *Visual identity and packaging design.* O Boticário, 2011.

Lumen Design

A construção de marcas fortes é nosso objetivo maior, assessorando diretamente cada cliente na gestão de sua imagem ou destacando em cada projeto os valores que tornem sua marca cada vez mais coerente e significativa aos olhos de seus públicos. Para oferecer experiências memoráveis, pesquisas de mercado e técnicas de marketing não bastam; muito além de fórmulas, é preciso estratégia e talento, lógica e mágica, boas idéias e implantação impecável. É preciso Design.

Our main purpose is to create strong brands by directly advising each client in the management of their image, or by highlighting the values that render a brand increasingly coherent and relevant to the eyes of its audience. Market researches and techniques do not suffice to offer memorable experiences; memorable experiences require strategy and talent, logic and magic, good ideas and impeccable implementation. Memorable experiences need Design.

1 Embalagens Nativa Spa. *Packaging: Nativa Spa.* O Boticário, 2011. **2** Identidade Logos. *Identity Logos.* Shopping Curitiba, ProPower e O Boticário, 2009 e 2011. **3** Catálogo. *Catalog.* Embraer.

lva criação

O design possui um importante papel estratégico nas empresas atualmente, mostrando-se como um grande diferencial competitivo no mercado. Por meio do design, é possível criar e consolidar marcas relevantes, produtos e serviços inovadores, e, ainda, experiências memoráveis, sempre alinhados à estratégia do negócio. A LVA Criação atua na busca por essa diferenciação por meio de uma abordagem integral do design, e um de seus desafios é trazer essa experiência para o cotidiano de pessoas e empresas.

Design currently plays an important strategic role in companies, and has become a significant competitive edge in the market. Design enables the creation and consolidation of relevant brands, of innovative products and services, and, furthermore, of memorable experiences which are always aligned with the company's business strategy.
LVA Criação seeks this competitive edge by means of its broad approach to design; one of its challenged is bringing this experience to the daily life of both people and companies.

1 Papelaria. *Business Stationery.* LVA Empreendimentos, 2008. **2** Projeto editorial. *Editorial design.* LVA Empreendimentos, 2008. **3** Identidade visual e embalagem. *Visual Identity and Packaging.* Macroplan, 2010. **4** Projetos gráficos diversos. *Several graphic designs.* LVA Empreendimentos, 2010/2011.

Matriz Desenho

Desenho Estratégico: criatividade orientada para resultados. A Matriz é um escritório especializado em Desenhar marcas, identidades, produtos e embalagens a partir de uma filosofia que alia pensamento estratégico e humanista.

Acreditamos que o Desenho tem o poder de materializar ideias, potencializar negócios, otimizar recursos e aproximar Marcas e consumidores. Curiosidade, inventividade e técnica inspiram a nossa forma de projetar.

Na Matriz Desenho, cada desafio é abordado de forma singular, a partir de uma metodologia sistêmica e dinâmica.

Acreditamos que a criatividade nasce da habilidade de observar e combinar a diversidade de informações que compõem o cenário estratégico e cultural de cada projeto. Essa forma de desenhar possibilita que a Matriz desenvolva projetos relevantes e eficazes, harmonizando os objetivos estratégicos de nossos clientes aos desejos dos usuários.

Strategic Design: creativity guided towards results. Matriz is a design firm specialized in the creation of brands, identities, products and packaging based on a philosophy that unifies strategic and humanistic thinking.

We believe design has the power to materialize ideas, enhance businesses, optimize resources and bring brands and consumers closer together. We are inspired by curiosity, ingenuity and technique. At Matriz Desenho, each challenge is faced in a unique manner, based on a systemic and dynamic methodology.

We believe that creativity results from the ability to observe and combine the different pieces of information that comprise the strategic and cultural scenario of each project.

This approach to design enables Matriz to develop relevant and efficient projects, thereby putting our clients' objectives in line with their consumers' desires.

1 Conceito e identidade de embalagens das categorias cafés, coadores, acessórios e bebidas Melitta. *Packaging concept and identity for coffee, strainers, accessories and beverages produced by brand Melitta.* Melitta do Brasil, 2011. **2 e 3** Conceito e Identidade Suvinil Spray. *Concept and Identity for Suvinil Spray.* Basf, 2009. **4 e 5** Desenho de marca Kellness, conceito, identidade gráfico física de linha de embalagens. *Design for brand Kellness, concept, physical and graphic identity of the packaging line.* Kellogg Brasil, 2009.

69 matriz desenho

marcelo lopes design

Ideias brasileiras para desafios globais.
O design superando a estética, a tradução do conceito em identidade, o observar com detalhes, o *zeitgeist* orientando a linguagem visual, o equilíbrio entre design e tecnologia, a metáfora visual como ferramenta de comunicação. Pensar um design que toque, emocione e que promova interferências positivas no cotidiano das pessoas é a essência de nosso processo criativo.
Um design com inovação no conceito, estratégia no traço, eficiência nos resultados.

Brazilian ideas for global challenges.
Design overcoming aesthetics; the translation of concept into identity, the art of observing with details. The *zeitgeist* guiding visual language – the balance between design and technology. Visual metaphor as a communicative tool.
Creating design that touches, causes sensations and promotes positive interferences in people's everyday life is the essence of our creative process.
Design with innovation in its concept, strategy in its line and efficiency in its results.

1

2

3

1 Identidade. *Identity.* Caesar Park Hotéis & Resorts - Restaurante Agraz, 2011. **2** Identidade – Convite de inauguração. *Identity – Opening invitation.* Caesar Business Manaus, 2010. **3** Identidade. *Identity.* – Restaurante Agraz – Menu Design. Caesar Park Hotéis & Resorts, 2011.

müller camacho
design comunicação

Sócia-fundadora e signatária do Código de Ética da Abedesign, com 22 anos no mercado da economia criativa. Credenciada pelo BNDES para financiamento de projetos de design. London Design Awards, vários prêmios no Brasil e presença no 1º livro da série *10 Cases do Design Brasileiro*.
Princípios: justo valor, qualidade, relacionamento, simplicidade e transparência.

Founding partner and signatory of the Code of Ethics of ABEDESIGN, the company has been a player in the creative economy market for the past 22 years. Accredited by the Brazilian Development Bank (BNDES) to finance design projects. London Design Awards, several accolades received in Brazil and participation in the 1st book of the *10 Case Studies of Brazilian Design* series.
Principles: fair value, quality, relationship, simplicity and transparency.

1 Posicionamento e design de marca, design de embalagem. *Brand positioning and design, packaging design.* Fibria Celulose S.A., 2010. **2** Design de forma de embalagens em PET, design gráfico de rótulos e administração de fornecedores. *Shape design for PET packaging, graphic design for labels and vendor management.* Coca-Cola Femsa, 2008. **3** Portfólio de embalagens de papel-cartão. *Packaging portfolio for cardboard line.* Klabin, 2010.

M.QUATRO DESIGN

O design que cria emoções,
que constrói marcas,
que envolve e cativa;
O design que inova, que embala
e que diferencia;
O design que individualiza, que organiza,
que vende e socializa.
O design que diverte, que veste,
que informa, mobiliza e conscientiza.
O design que pensa, repensa,
recicla e recria.
O design no dia-a-dia!
O design é hoje uma reconhecida ferramenta de diferenciação competitiva. O seu papel estratégico é definitivo para a construção de marcas, serviços e produtos de sucesso, permeando todas as áreas das empresas e presente diariamente nas nossas vidas.
Pensamos o design como atividade projetual, diferenciadora e sem fronteiras.

Design that touches people's hearts,
that builds brands,
that is involving and alluring.
Design that innovates, that shapes
and diversifies.
Design that renders things individual, organized,
that sells and socializes.
Design that entertains, dresses,
informs, mobilizes and raises awareness.
Design that thinks, thinks over,
recycles and recreates.
Design in everyday life!
Nowadays, design is widely acknowledged as a tool to guarantee competitive edge. Its strategic role is indispensable in putting together successful brands, services and products, encompassing all areas in companies and present in our daily lives.
At our firm, design is conceived as a project-oriented, diversifying and unlimited activity.

1 Marca e identidade visual para Sindicato Nacional das Empresas Distribuidoras de Combustíveis e de Lubrificantes. *Brand and visual identity.* SINDICOM, 2011. **2** Embalagens para a linha de produtos das lojas am/pm. *Packaging for a product line sold at am/pm stores.* Ipiranga, 2010. **3** Conceito, linguagem gráfica e peças de lançamento do Cartão Carbono Zero. *Concept, graphic design and pieces for the launch of Zero-Carbon Credit Card.* Ipiranga, 2011. **4** Naming, marca e identidade visual para restaurante. *Naming, brand and visual identity for a restaurant.* Barsa, 2010.

1

Narita Design

Nós da Narita Design somos extremamente exigentes em tudo que fazemos.
Acreditamos que um trabalho bem-sucedido não sai de um *insight* genial. Ele se constrói no embate de diferentes opiniões, nas inúmeras tentativas e erros, à base de muito suor e desapego. Sabemos que, para chegar a um resultado surpreendente, é preciso se envolver de corpo e alma. É assim que encaramos os projetos, é assim que ajudamos os nossos clientes a construir e fortalecer as suas marcas.
Nós fazemos: estratégia da marca, embalagem, design de produto, design editorial, identidade visual e ponto de venda.

At Narita Design, we seek perfection in everything we do.
We believe an insight does not necessarily result in a job well done: a job well done is gradually built on the debate of different ideas on trial and error, a lot of hard work and on learning to let go. We know that one hundred percent body-and-soul involvement is necessary in order to arrive at a surprising result. This is how we see our projects – this is how we help our clients build and strengthen their brands.
We develop: Brand Strategy, Packaging, Product Design, Editorial Design, Visual Identity and POS.

1 Brand book + brand language + repacking. Guaraná Antarctica, 2011. **2** Brand identity + repacking. Brahma, 2010. **3** Brand language + repacking – Sensações. Elma Chips, 2011. **4** Repacking. Quaker, 2011. **5** Brand identity + repacking. Arisco, 2010.

NONO BRANDS

Somos um escritório que pensa o design como ferramenta estratégica, sempre em busca da competitividade. Nosso foco está em identificar tendências e construir as marcas ao lado de nossos clientes. Com serviços orientados para o desenvolvimento de ideias com uma forte identidade visual e verbal, buscamos, por intermédio da essência das marcas, definir um posicionamento claro e relevante. O resultado é a diferenciação suportada por uma arquitetura de marca consistente e uma identidade única.

In its constant pursuit of competitive edge, our firm sees design as a strategic tool. Our work is focused on identifying trends and building brands together with our clients. Based on the essence of each brand, we seek to define a clear and relevant positioning by means of our services guided towards the development of ideas with strong verbal and visual identity. The result is the singularity brought forth by a consistent brand design and a unique identity.

1 Nova marca e reposicionamento. *New brand and repositioning.* Mondaine/Grupo Seculus, 2010. **2** Arquitetura de loja e novo posicionamento. *Store architecture and new positioning.* Le Biscuit, 2011. **3** Manual de utilização e posicionamento da nova marca. *User Manual and positioning of new brand.* Santander Global Banking & Markets, 2008.

OCCIUZZI
design

A Occiuzzi é um estúdio de Design & 3D. Somos uma extensão criativa dos nossos clientes, utilizando o design como ferramenta estratégica que potencializa resultados e gera experiências para a marca, da web ao ponto de venda.
Firmamos parcerias sólidas em diversos setores, formando uma equipe multidisciplinar que presta serviços não só no nordeste, mas em todo Brasil.

Occiuzzi is a Design & 3D studio.
We are our clients' creative arm – we use design as a strategic tool to increase results and create experiences for the brand, from the web to the POS.
We have established solid partnerships in several industries, thereby bringing together a multidisciplinary team that provides services not only in Brazil's northeast, but in the country as a whole.

1 Identidade visual da Storm all Live (identidade visual, criação do site). *Visual identity of Storm all Live (visual identity, website design).* Storm all Live, 2011. **2** Programação visual da loja FLA Concept (programação visual, sinalização e identidade visual). *Visual merchandising of store FLA Concept (visual merchandising, signage and visual identity).* Shopfitting, 2010. **3** Programação visual das lojas Allianz (programação visual, sinalização). *Visual merchandising of Allianz stores (visual merchandising, signage).* Shopfitting, 2010/2011.

OZ DESIGN
OZ BRANDING

A Evolução do Designer.

A profissão de Designer Gráfico nasceu, como todos os demais organismos vivos, de sucessivas e delicadas mutações.
No princípio, desenhar e ser "criativo" eram os pré-requisitos para ingressar nessa área que, até então, ainda se confundia com a publicidade.
Graças à lógica Darwinista, a evolução continua. Hoje, para responder à altura às questões complexas que determinam a construção de identidades de marca, para empresas, produtos ou serviços, não basta mais ser apenas Designer. A incorporação de conhecimentos ligados às questões do negócio em si – estratégias de posicionamento, cultura corporativa, sistemas de comercialização e distribuição –, bem como dos valores humanos – psicologia, sociologia, filosofia, identidades, tribos, modas, inovação etc. –, são fundamentais para dar consistência ao aparentemente simples ato de "deixar sua marca".
Na Oz, trabalhamos movidos pela paixão de combinar arte e ciência, e pelo desafio de pensar o homem e sua ação no mundo.
Deixe sua marca.

The Evolution of the Designer.

As most live organisms, the Graphic Design profession was born from successive and delicate mutations.
In the beginning, drawing and being "creative" were pre-requisites in this area that was still commonly mistaken for advertising.
Thanks to Darwinism, evolution continues. Nowadays, in order to adequately respond to the complex issues that determine the building of brand identities of companies, products or services, one can no longer be a Designer only. The inclusion of knowledge related to the issues behind the business itself – positioning strategies, corporate culture, sales and distribution systems – as well as human values – psychology, sociology, philosophy, identities, groups, fashion, innovation, etc. – are essential to provide consistency to the apparently simple act of "making oneself seen".
At Oz, we are moved by the passion to combine art and science, and by the challenge of thinking man and his role in the world.
Make your Mark®

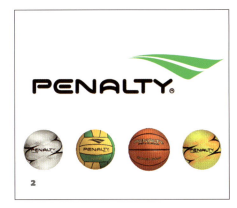
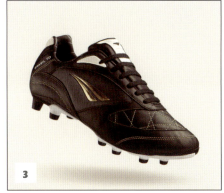

1 Identidade visual. *Visual identity.* Abedesign, 2010. **2** Branding e Identidade visual. *Branding and Visual identity.* Penalty, 2011. **3** Aplicação da marca. *Brand application.* Penalty, 2011. **4** Tipografia. *Typography.* Penalty, 2011. **5** Identidade visual. *Visual identity.* Sabará Hospital Infantil, *Sabará Pediatric Hospital*, 2010. **6** Sinalização. *Signage.* Sabará Hospital Infantil, *Sabará Pediatric Hospital*, 2010. **7** Ambientação. *Ambient media.* Sabará Hospital Infantil, *Sabará Pediatric Hospital*, 2010. **8** Identidade visual. *Visual identity.* Abedesign, 2010. **9** Aplicações da marca. *Brand applications.* Abedesign, 2010. **10** Stand. *Stand.* Abedesign, 2010.

ÓCSSO
design estratégico

A Ócsso é uma agência de Design Estratégico, especializada em desenvolver marcas apaixonantes.
Acreditamos que o design possa resolver, com excelência, problemas de ordem visual e funcional, criando relações sensoriais e experimentais. As grandes corporações detêm o poder de influência da população e o comando da economia, por isso, precisam oferecer produtos com responsabilidade e consciência social, ambiental e política. Visamos isto, e direcionamos um trabalho em que a marca constrói um papel emotivo com as pessoas.

Ócsso is a Strategic Design agency specializing in the development of exciting brands.
We believe design is capable of solving visual and functional problems by creating sensorial and experience-oriented relationships. Large corporations have the power to influence people and guide the economy; as such, they have to offer products with social, environmental and political awareness. This is our target; we guide our work towards building an emotional relationship between people and brands.

1 Projeto de design estratégico. *Strategic design project.* Doct, 2008. **2** Projeto de design estratégico. *Strategic design project.* Quintal, 2011. **3** Projeto de branding. *Packaging project.* PKO do Brasil, 2011.

Page One
design e comunicação

Muda a todo instante. Surpreende, arrisca e até petisca. Envolvente, lança ideias que fazem o público rir, interagir, emocionar-se. Choca. Cria tendências, faz a moda acontecer e, depois, muda tudo de novo. Mas afinal, falamos do Mercado ou do Design? Tanto faz.

Ambos se descrevem assim. E ambos se completam assim. Seus papéis estratégicos, a necessidade de fortalecer suas marcas. Sua abrangência e até os desafios que enfrentam. Ou vão enfrentar.

It constantly changes. It surprises, it is daring and oftentimes, successful. It is alluring, it spreads ideas that touch people, make people laugh and interact with each other. It shocks. It creates trends, makes fashion happen and changes everything yet again. But what are we referring to, after all? To the market or to design? Both, either: it doesn't really make a difference.

Both may be thus described. And they both complete each other in this fashion. Their strategic roles, the need to strengthen their brands. Their scope and even the challenges they face. Or will eventually face.

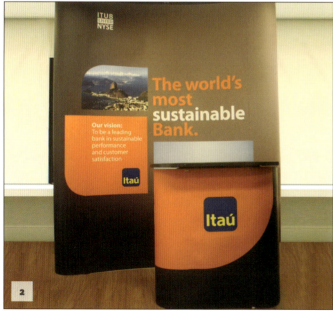

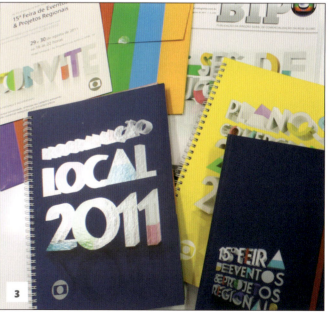

1 Projeto gráfico e editorial de jornal mensal para clientes, versões online e impressa. *Graphic design and editorial design for monthly information bulletin (online and printed versions).* Itaú Personnalité, 2010. **2** Criação de backdrop para evento da área de investimentos em Paris. *Creation of backdrop for investment division roadshow in Paris.* Itaú, 2011. **3** Convite e materiais promocionais para evento da área comercial. *Invitation and promotional material for commercial division roadshow.* Rede Globo, 2011.

1

Packaging Brands

Hoje, os estímulos são muitos e é difícil memorizar as marcas, seus ícones e promessas. São embalagens, anúncios e mensagens que bombardeiam o consumidor, e só nos lembramos do que realmente nos marca.

O design surge como uma ferramenta que cria o diferencial da marca. Do símbolo ao discurso de venda, tudo deve e pode ser refinado pelo design. Ele traz diretrizes para a marca se construir nos pontos de contato com sua comunidade.

Essas diretrizes se expandem para o ambiente: atendimento, peças, imagens e até mobiliário constroem a experiência da marca, além da disseminação dentro da própria instituição, o que faz o design atuar em todas as áreas. Uma empresa orientada para o design constrói sua identidade diariamente.

O Projeto de Branding Spoleto foi implementado em mais de 150 pontos de venda, com soluções para seus vários formatos. Foi essencial criar protótipos visando produção e economia em escala. O desafio foi gerar processos que reproduzissem o projeto com excelência, sem perder a essência do design: um serviço sob medida.

Amidst the many products available, nowadays it is hard to remember brands, their icons and promises. Consumers are constantly bombarded with packages, advertising and messages – and we only remember things that really touch us.

Design can be used as a tool to help a brand stand out. From the symbol to the sales pitch, every and all things may be refined by design. Design helps establish guidelines for the brand to be built on the touchpoints with its community.

These guidelines expand towards the environment: client assistance, pieces, images and even furniture help build a brand's experience, in addition to its spread within the institution itself, which helps design act in all areas. A design-oriented company builds its identity on a daily basis.

Packaging Project Spoleto was implemented in over 150 poss, with solutions for its many formats. Building prototypes aimed at scale production and economy was crucial; the challenge involved was creating processes to brilliantly reproduce the project, without losing the essence of design. In other words, a tailor-made service.

1 Projeto de ambientação. *Ambience project.* Loja Box Vila Olímpia, São Paulo. **2** Projeto de ambientação. *Ambience project.* Loja Salão Buenos Aires, Rio de Janeiro. **3** Projeto gráfico de cardápio. *Menu's graphic design.* **4** Postais e folhetos. *Postcards and flyers.* **5** Projeto gráfico de embalagens (branding e design de produto e gráfico). *Packaging design (branding and product and graphic design).* Grupo Umbria / Spoleto, 2009 Projeto estrutural de displays. *Structural design of displays.* **6** Projeto estrutural de mesa de tempeiros e porta galheteiro. Grupo Umbria / Spoleto, ano de implantação 2009. *Structural design for the seasonings and dressings unit and cruet set.*

83 PACKAGING BRANDS

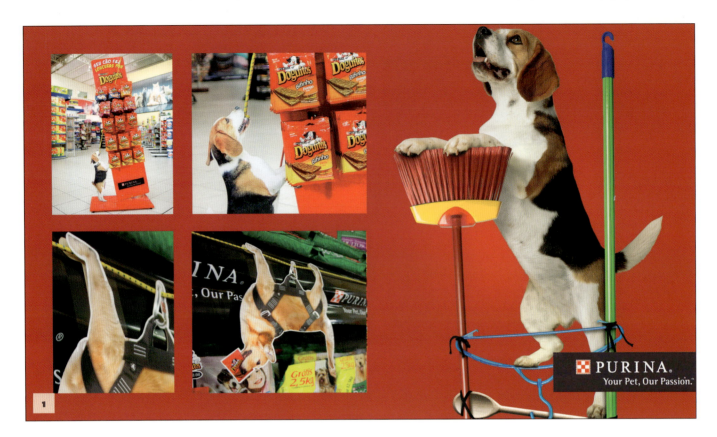

Pande
Design Solutions

Fundada em 2002, a PANDE nasceu com o objetivo de trabalhar o design de forma holística e integrada, abrangendo todos os pontos de contato com a marca.

Nosso processo de trabalho envolve etapas fundamentais que visam constantemente fortalecer as marcas e torná-las desejáveis e geradoras de valor para o consumidor, empresas e meio ambiente.

Para isso, mergulhamos na compreensão dos mercados de atuação e no posicionamento das marcas de nossos clientes, no cenário competitivo em que estão inseridos, na identificação de tendências de consumo e exigências de sustentabilidade, na identificação das necessidades e dos desejos do consumidor, elementos estes que subsidiam o processo criativo e de inovação, em um ininterrupto ciclo de conhecimento, geração de ideias e tangibilização por meio do design.

Todo esse trabalho envolve uma equipe multidisciplinar de profissionais altamente qualificados, com visão holística das marcas e especializados nos segmentos de inteligência de mercado, estratégia e posicionamento de marca, identidade visual, *naming*, embalagem, material de PDV e editorial.

PANDE was established in 2002 in order to work with design in a holistic and integrated way, covering all touchpoints with the brand.

Our work process involves essential phases whose purpose is to constantly strengthen brands, so as to render them desirable as well as to create value for customers, companies and the environment.

In order to do so, we thoroughly research our clients' markets and their brand positioning, as well as their relevant competitive scenario, to identify consumption trends, sustainability demands, consumer needs and desires; in other words, elements that subsidize the creative and innovative process, in an ongoing cycle of knowledge, creation of ideas and tangibility by means of design.

This process involves a multidisciplinary team of highly qualified professionals with a holistic understanding of the brands, specializing in Market Intelligence, Brand Strategy and Positioning, Visual Identity, Naming, Packaging, POS Material and Editorial Design.

1 Campanha de PDV. *POS campaign.* Purina, 2010. **2** Metodologia Pande Penso®. *Pande Penso® Methodology.* **3 | 4 | 5 | 6 | 7** Posicionamento, conceituação e expressões da marca. *Brand positioning, concept and expression.* Wickbold Tickroc, 2011.

ponto design

A pontodesign é a superpequena agência de design do Brasil.
Super, porque consegue resultados brilhantes para seus clientes, tanto que foi eleita a Melhor Empresa de Design do Ano do País. Pequena, porque sua equipe é formada por apenas seis ultraprofissionais.
O foco de atuação da agência está nas médias empresas que querem – e podem – ser as melhores em seus segmentos.
Para auxiliá-las a se diferenciar, nossa equipe trabalha o *Design Gráfico* integrado à Comunicação, com ênfase em branding, *webdesign*, PDV e peças de alto impacto.

Pontodesign is the super-small design firm of Brazil. Super because it brings in amazing results for its clients – to the extent that it was elected Top Design Firm of the Year in Brazil. Small because its team is comprised by only six ultra-professionals.
Our work is focused on medium-sized companies that want – and are able – to excel in their markets.
In order to help these companies stand out, pontodesign integrates Graphic Design and Media, with special emphasis on branding, web design, POS and high-impact pieces.

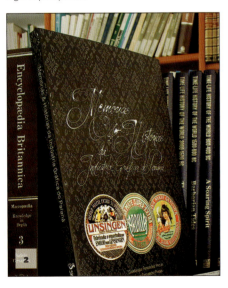

1 Branding: marca e papelaria. *Branding: brand and business stationery.* pontodesign, 2006. **2** Projeto editorial: livro Memórias e Histórias da Indústria Gráfica no Estado do Paraná. *Editorial design: book entitled "Memórias e Histórias da Indústria Gráfica no Estado do Paraná".* Sigep/Abigraf-PR, 2007. **3** Materiais para PDV: cartaz promocional. *POS material: advertising sign.* Frigorífico Ceratti, 2011. **4** Webdesign. Site do piloto Luciano Burti. *Web Design: Website for pilot Luciano Burti.* 2008. **5** Material de alto impacto: "cartão" de Boas Festas "Lanterna Luminosa de Papel". *High-impact material: "Lighted Paper Lantern" Season's Greetings "card".* Gráfica Corgraf, 2010.

PÓS IMAGEM DESIGN

Alinhados ao conceito de branding como sistema integrado de design e comunicação, construímos marcas que se desdobram em experiências positivas. Isso garante o relacionamento entre empresa e pessoas. Acreditamos que o processo criativo focado nos resultados produz uma comunicação eficiente, que instiga, emociona e seduz.

Aligned with the concept of branding as an integrated design and media system, we build brands that develop into positive experiences. This guarantees the relationship between people and companies. We believe that when focused on results, the creative process naturally produced efficient communication which encourages, touches and seduces.

1 Branding. *Branding.* Grupo S2 (Redley, XUZ, Cantão), 2010. **2** Estratégia. *Strategy.* Aplicativo para ipad e iphone Shopping Rio Design Barra/Shopping Leblon Desenvolvimento Bitix, 2011. **3** Identidade visual para série de shows. *Visual identity for a series of concerts.* Baluarte, Agência de Projetos Culturais, 2011.

1

quadrante design

Acreditamos no design como elemento capaz de influenciar positivamente o comportamento e a vida das pessoas. Capaz de promover desenvolvimento econômico e social de forma sustentável e definitiva. Capaz de consolidar valores dentro da sociedade. O design, para nós, vai muito além de modismos. Estamos focados em agir de forma estratégica buscando resultados eficazes.

Cada novo projeto é um desafio que nos impulsiona a buscar o equilíbrio e o posicionamento para os nossos clientes no mercado. Entender cenários, propor soluções inovadoras e, principalmente, coerentes são etapas de um processo sistêmico que culmina em diferencial competitivo.

Para alcançar bons resultados é preciso sinergia. Nosso cliente é mais que um parceiro, é parte integrante de nossa equipe multidisciplinar, focada em soluções que passam pela criação de novos produtos, pela gestão de imagens e pela implementação de estratégias integradas de comunicação.

We believe in design as an element capable of positively influencing people's behavior and lives. Design is capable of promoting sustainable and definitive social and economic development. It is also capable of strengthening values in society. For us, design goes way beyond current trends. We are focused on acting strategically in the pursuit of efficient results.

Each new project is a challenge that helps us find the balance and positioning for our clients in the market. Understanding scenarios, offering innovative and especially coherent solutions are integral part of the system that leads to a competitive edge.

Synergy is necessary in order to achieve positive results. Our clients are more than partners – they are integral part of our multidisciplinary team focused on solutions which include creating new products, managing visual identity and implementing integrated media solutions.

1 Banco People – projeto de produto mobiliário. *Bench "People" – furniture design.* Quadrante Design, 2011. **2** Pictograma Mordomo – projeto de produto mobiliário. *Pictogram "Mordomo" – furniture design.* Quadrante Design, 2010. **3** Identidade visual. *Visual identity.* Pizza One, 2010. **4** Naming e identidade visual. *Naming and visual identity.* Clínica Humani, 2010. **5** Naming e identidade visual. *Naming and visual identity.* Pizza Stop, 2010. **6** Naming, identidade visual e sinalização ambiental. *Naming, visual identity and ambient signage.* Galeria Appiani, 2010. **7** Naming, identidade visual e branding. *Naming, visual identity and branding.* Rex Dog, 2009. **8** Reposicionamento de marca e embalagem. *Rebrand positioning and packaging.* SM Sanduíches, 2011. **9** Reposicionamento de marca e embalagem. *Rebrand positioning and packaging.* Refrigerantes River, 2011.

PROJETO INTEGRADO

A PI incorporou à sua própria marca, estratégias que adota em todas os seus projetos e que acompanham as tendências globais, sempre com criatividade. Muito além de Projetos agora o P também representa Pessoas. Que vão criar, produzir e consumir os produtos.
Muito além de Integrado agora o I também representa Interativo. Interatividade que está no novo site da agência, um blog onde vamos compartilhar e trocar experiências. E que possibilita a conexão de pensamentos, desejos e realizações.

Projeto Integrado has included the strategies it uses in all its projects in its own brand; strategies that are creative, original and always in line with global trends. Far from representing Projects only, letter "P" now also stands for People. People who create, produce and use products.
Far from representing Integration, letter "I" now also stands for Interactivity. Interactivity seen in the firm's new website, which now includes a blog to share and exchange experiences. Interactivity that promotes the connection of thoughts, wishes and accomplishments.

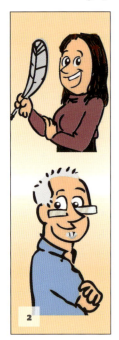

1 Projeto de naming com nova identidade visual. *Naming design with a new visual identity.* **2** Visão estratégica com foco em resultado. *Strategic vision focused on results.* **3** Pessoas Interativas que fazem Projetos Integrados de branding, design, produto, comunicação estratégica digital e tradicional, na metodologia exclusiva PI. *Interactive people who create Integrated Projects involving branding, design, products, both digital and traditional strategic media, within the exclusive IP methodology*

RedBandana

A RedBandana constrói, desde 1997, plataformas de identidade de marca, de design e de ponto de venda. Com criatividade estratégica, agregamos conteúdo, estimulamos interatividade e geramos experiência de marca. Entre os nossos principais clientes estão L'Oréal Paris, British Council, Agilità, BidBud, Sofitel Hotels, Pernod Ricard e Log-In Logística.

Since 1997, RedBandana has built brand and design identity platforms and POS design. We add content, encourage interactivity and create brand experience with strategic creativity. Our top clients include L'Oréal Paris, British Council, Agilità, BidBud, Sofitel Hotels, Pernod Ricard and Log-In Logística.

1 Stand Fashion Business. *Stand Fashion Business.* Agilità, 2008. **2** Ponto de venda – Elsève. *Point of sale – Elsève.* L'Oréal Paris, 2010. **3** Branding – "De Olho No Clima". *Branding - "De Olho No Clima".* British Council, 2008. **4** Branding e desenvolvimento de site. *Branding & site development.* BidBud, 2011.

QUESTTO|NÓ

Com uma forma de trabalhar que não admite fronteiras e está em constante evolução, a Questto|Nó pensa o design como processo, integrando pesquisa, observação e análise de comportamentos e situações, chegando ao detalhamento final e à implantação efetiva de produtos e serviços.

Ao longo de 18 anos, o escritório consolidou um conhecimento nas mais diversas áreas, com projetos desenvolvidos no Brasil e no exterior. Foram mais de 600 soluções efetivamente entregues para clientes como Natura, Agrale, Magneti Marelli, Whirlpool, Gertec e tantas outras empresas de pequeno e médio porte que se diferenciaram em seus mercados com projetos e estratégias estruturadas de design.

Questto|Nó é Design de Produtos, de Serviços, Ideias, Branding, Ambientes e Estratégia de Design.

Questto|Nó accepts no boundaries and its work is in consant evolution. Questto|Nó understands design as a process thereby integrating research, observation, behavior and situation analysis through to the final detailing and effective implementing of products and services. In the past 18 years the design firm has consolidated its knowledge in a wide range of markets, both in Brazil and abroad. Over 600 solutions have been effectively delivered to clients such as Natura, Agrale, Magneti Marelli, Whirlpool, Gertec and several other small and medium-sized companies that stood out in their markets with structured design projects and strategies. Questto|Nó offers product, service and environment design, Ideas, branding and strategy design.

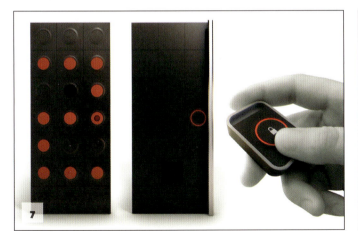

1 Caminhões Agrale – Estratégia de design e projeto automotivo. *Agrale Trucks - Design strategy and automotive design.* Agrale, 2011. **2** Mesa cirúrgica Atena A600 – Design de produto. *Surgical table Atena A600 – Product design.* Baumer, 2008. **3** Veículo Stark 4WD – Estratégia de design e projeto automotivo. *Stark 4WD Vehicle – Design strategy and automotive design.* TAC, 2008. **4** Perfume Amor América – Design de embalagem. *Amor América Fragrance - Packaging design.* Natura, 2008. **5** Cadeira Simbiose – Design de mobiliário. *Symbiosis Chair – Furniture design.* Nó Design, 2010. **6** Cabide ZigZag – Design de produto. *ZigZag hanger – Product design.* Polyplay, 2009. **7** Porta MaxDoor – Design de produto. *MaxDoor (Door) – Product design.* MaxHouse, 2009. **8** Capacete EBF E8 – Design de produto. *EBF E8 Helmet – Product design.* EBF, 2010.

redondo design

A Redondo é um escritório que pensa de forma estratégica nas marcas de seus clientes e utiliza o design como ferramenta para aproximá-las de seus consumidores.
Todos os trabalhos que desenvolve têm em comum a vontade de conhecer o cliente em profundidade, o desejo de entender cada desafio em todas as dimensões e a busca pela solução mais alinhada com a estratégia da marca. Dessa forma, trabalhamos focados na qualidade, no comprometimento e na criatividade.

Redondo is a design firm that conceives its clients' brands strategically and uses design as a tool to bring brands closer to their clients.
The characteristic common to all the projects developed by the firm is the drive to truly get to know clients, the will to thoroughly understand every challenge, in all its aspects and the pursuit for a solution that is effectively in line with the brand strategy. This is how the firm works: focused on quality, commitment and creativity.

1 Livro *Pesquisa em Sementes Florestais na Reserva Natural Vale*. Book entitled "Pesquisa em Sementes Florestais na Reserva Natural Vale". Vale, 2011. **2** Stand WindPower. *Stand WindPower*. Neoernergia | Iberdrola, 2011. **3** Catálogo de produtos. *Product catalog*. Energy, 2010.

RICO LINS + STUDIO

Coletivo multidisciplinar com rede de colaboradores externos. Foco em comunicação, cultura e educação. Vê o design como processo amplo nas áreas de criação, pesquisa e identidade. Em SP desde 95, o +Studio é um desdobramento das atividades de Rico Lins e equipe, entre Paris, Londres e Nova York, integrando design e metodologias criativas próprias em projetos para Odebrecht; Natura; Centre Georges Pompidou; SESC; TV Globo; MTV; Fundação Telefônica; Goethe-Institut; Editoras Abril, Cosac-Naify, MIT Press, RandomHouse; NYTimes; Newsweek, Time, LeMonde; NY School of Visual Arts; Zoomp etc.

Team comprised of a multidisciplinary nucleus and a network of outside contributors focused on media, culture and education. Design is seen as a broad process in the areas of creation, research and identity. In São Paulo since 1995, +Studio is one of the results of the work developed by Rico Lins and his team, in Paris, London and New York, integrating design and creative methodologies that encourage the interaction with content specific to each project, for Odebrecht; Natura; Centre Georges Pompidou; SESC; TV Globo; MTV; FRM; Fundação Telefônica; Goethe-Institut; Editoras Abril, Cosac Naify, MIT Press, Random House; NYTimes; Newsweek, Time, LeMonde; NY School of Visual Arts; Zoomp; etc.

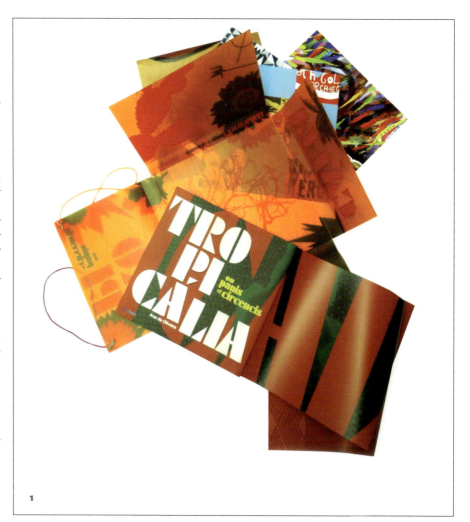

1 Tropicália ou Panis-et-Circencis: livro-objeto comemorativo dos 40 anos do movimento tropicalista. *Tropicália ou Panis-et-Circencis: "object-book" to celebrate the forty years of Brazil's tropicalia.* Editora Iyá-Omin, 2010. **2** Catálogo da exposição itinerante "Rico Lins: Uma Gráfica de Fronteira", Prêmio APCA Obra Gráfica e Jabuti, em 2009. *Catalog of itinerant exhibit "Rico Lins: uma Gráfica de Fronteira", awarded with the APCA Award for Graphic Design and Jabuti Award (Prêmio APCA Obra Gráfica and Jabuti), both in 2009.* Caixa Cultural, Centro Cultural Correios, Instituto Tomie Ohtake, 2009-2011 Caixa Cultural, Centro Cultural Correios, Instituto Tomie Ohtake, 2009-2011 **3** Sistema de sinalização e programa de identidade visual institucional do Goethe-Institut. São Paulo, 2009-2011. *Signage system and institutional visual identity for Goethe-Institut São Paulo, 2009-2011.*

RTECH3

Indústria com criatividade. Esse é o foco da RTECH3, uma agência que desenvolve projetos de produto, desde seu conceito, prototipagem e produção, utilizando o design como ferramenta competitiva.
O que nos diferencia é a intersecção entre o conceito e a implementação, entregando projetos inovadores e com relevância social.
Nós acreditamos em soluções alcançadas por meio da criatividade e convidamos você a fazer parte do processo de transformar ideias em realidade.

Industry with creativity. This is the main focus of RTECH3, an agency that uses design as a competitive tool in the development of projects for products, including concept, prototyping and production.
We stand out because of the intersection between concept and implementation, thus delivering innovative and socially relevant projects to our clients.
We believe in solutions achieved by being creative. Join us in transforming ideas into reality.

1 Projeto de produto Nativa SPA. *Product design Nativa SPA.* O Boticário, 2011. **2** Mobiliário urbano. *Urban furniture.* Fundação Cultural de Curitiba, 2010. **3** Automobilístico. *Automotive Design.* Pompeo, 2011.

RODA DE DESIGN

Empresas conscientes usam o design para melhorar a percepção de suas marcas e o resultado dos seus negócios, aplicando-o para proporcionar experiências positivas a cada contato com seus públicos. Desenvolvemos soluções integradas de arquitetura, sinalização, comunicação, promoção, eventos e ambientação para clientes em 14 países, trazendo à tona a essência de marca em cada ação realizada.

Socially-conscious companies use design to improve the perception of their brands and results, so as to promote positive experiences at every contact with their target audiences. We develop integrated architecture, signage, communications, promotion, events and ambience solutions for clients in over 14 countries. The essence of the brand is seen in each action developed.

1 Comunicação visual – Tropicalização de Retail Design nas agências HSBC no Brasil e na América Latina. *Visual communication – Retail Design (adapting to local standards) of HSBC branches in Brazil and in Latin America.* HSBC, 2008-2011. **2** Promoção – Campanha interna de incentivo de vendas. *Sales Promotion – Internal campaign to encourage sales.* GVT, 2009. **3** Design – Criação de nova identidade visual. *Design – Creation of a new visual identity.* Placrim, 2010.

97 RODA DE DESIGN

sart | dreamaker

Design estratégico para marcas de consumo. Acreditamos em uma abordagem do design com visão de negócios, capaz de produzir marcas com personalidade, visibilidade e relevância para nossos clientes e seus consumidores. Desenhamos a forma, criamos identidade, construímos personalidade, geramos consistência, possibilitamos a diferenciação, potencializamos a mensagem e damos vida ao produto por meio do design. Fazemos parte do Stetik Group, *holding* que reúne empresas focadas na construção e consolidação de marcas, por meio de soluções estéticas, gerando crescimento rápido e sustentável para seus clientes.

Strategic design for consumer brands.
We believe in a business-oriented approach to design, capable of producing brands with personality, visibility and relevancy for our clients and their consumers. We design shapes, create identities, build personalities, generate consistency, enable diversification, give further strength to messages and bring products to life by means of design. We are part of Stetik Group, holding comprised of companies focused on building and consolidating brands through aesthetic solutions, thus resulting in fast and sustainable growth for its clients.

1 Marca e reposicionamento para linha de produtos. *brand and rebranding for product line.* Jasmine Alimentos, 2011. **2** Embalagem sustentável – Sentir bem projeto "ponta a ponta". *Sustainable packaging, end-to-end "Well-being" project.* Walmart, 2011. **3** Nova marca e embalagens cookies. *New brand and packaging for Bauducco cookies.* Bauducco, 2009.

soter design

A Soter Design foi responsável pela criação da marca da candidatura do Rio de Janeiro aos Jogos Olímpicos de 2016. Era o momento de convencer a todos que havia chegado a nossa vez. Esse emblema representou uma das maiores conquistas da história da cidade que, sem dúvida, modificará o seu futuro.
O pão de açúcar, em seu cenário ensolarado a beira-mar, simboliza as riquezas naturais. O conjunto, em forma de coração, mostra a incontestável paixão do carioca pelo esporte. É uma marca simples, alegre e acolhedora.

Soter Design was responsible for the creation of the logo for Rio de Janeiro's candidature for the 2016 Olympic Games. It was the opportunity to convince the world that it was now Rio's turn to host the games. This logo represented one of the city's greatest achievements – one that will undoubtedly change its future.
The sugar loaf standing on its sunny, seaside scenario symbolizes Brazil's natural resources. The entire image, shaped as a heart, shows the undeniable passion of the cariocas (the city's natives) for sport. It is a simple, cheerful and welcoming logo.

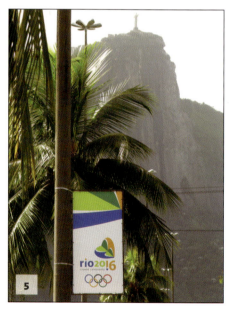

1, 2, 3, 4 e **5** Identidade visual. *Visual identity.* Comitê Olímpico Brasileiro, 2008 a 2010.

Spice Design

Por que Spice? O tempero é o segredo que faz diferença em um prato. No Mercado, o que faz a diferença é o design. Há doze anos a Spice Design tem, como maior objetivo, trazer à tona o bom design e assegurar aos clientes estratégia, qualidade e criatividade em seus projetos. Com *expertise* em branding, embalagem, comunicação, design editorial, design promocional e sinalização buscamos atender às expectativas e necessidades cada vez maiores de resultados consistentes na construção de marcas fortes.

Why Spice? Spices are the secret behind every dish, and design is what makes a difference in the market. For the past twelve years, the main purpose of Spice Design has been to create great design and guarantee strategy, quality and creativity in our clients' projects. Specializing in Branding, Packaging, Communications/Media, Editorial Design, Promotional Design and Signage, we are focused on catering to the ever-increasing needs and expectations for consistent results in the building of strong brands.

1 Comunicação e sinalização. *Communication and signage.* Rich do Brasil, 2011. **2** Branding, naming, slogan e comunicação. *Branding, naming, slogan and communication/media.* Okena, 2009. **3** Design de embalagem. *Packaging design.* Pepsico do Brasil, 2010.

101 SPICE DESIGN

straub design

O Design deve ser simples e falar de forma simples, oferecendo o belo e o emocionante, o útil e o arrebatador. Esta é a síntese da estratégia para o presente e o futuro das marcas que querem apaixonar pessoas e cativar mentes. Para isso, as combinações são infinitas quando se trata dos "sete sentidos". O *Experience Design* tem sido fonte de renovação e inspira um novo branding. Por isso, queremos combinar design com vídeo, ativação com relacionamento, editorial com sensorial, marca com arte, sabor com emoção, digital com identidade.

Design should be simple and use a simple language in its creation, thus offering everything that is beautiful, touching, useful and enthralling. This summarizes the present and future strategy for brands that want to allure people and captivate minds. There are several ways to do so when one speaks of the "seven senses". Experience Design has been a source of renovation and inspires a new Branding. For this reason, we want to combine design with videos, activation with relationships, editorial designs with sensorial experience, brands with art, taste with emotion, digital with identity.

1 Relatório socioambiental. *Socio-environmental report.* Volvo do Brasil, 2009. **2** Ambientação Arena Bosch-Ópera de Arame/Campanha Bosch 125 anos. *Ambience for Arena Bosch-Ópera de Arame/Bosch 125 years campaign.* Robert Bosch | Curitiba, 2011. **3** Projeto de comunicação visual interno e externo para agências bancárias. *Internal and external visual communication project for bank branches.* HSBC, 2010. **4** Ativação de marca HSBC – Evento de golfe LPGA Brasil Cup. *HSBC Brand activation – Golf event, LPGA Brazil Cup.* HSBC, 2009/2010.

studio abracadabra

Somos sonhadores, curiosos, estrategistas e contadores de histórias. Somos cheios de ideias e surpresas. Somos incansáveis na busca pela inovação. Somos apaixonados pelo que fazemos e pelo desafio de fazer melhor. Acreditamos que, por meio de um pensamento humano, estratégico e criativo, ajudamos a transformar a história de empresas e pessoas, construindo Marcas, Produtos e Serviços surpreendentes, apaixonantes e lucrativos!
Nosso verbo é transformar!
Qual o seu verbo?

We are dreamers; we are inquisitive, we think strategically and we are storytellers. We are full of ideas and surprises. We are tireless in our pursuit of innovation. We are passionate about what we do and we love the challenge to excel. We believe that with human, strategic and creative thinking, we are able to help change the story of both companies and people, thus developing striking, alluring and profitable Brands, Products and Services!
Our verb is to transform – what is your verb?

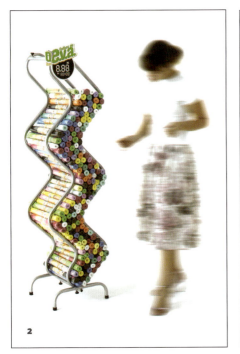

1 Identidade, packaging. *Identity, packaging.* Bebidas do Nordeste, 2010. **2** Packaging, ponto de venda. *Packaging, POS.* IBEL, 2003. **3** Comunicação. *Communication/media.* Centro Dragão do Mar de Arte e Cultura, 2009.

tátil

A Tátil é uma consultoria de estratégia, expressão e experiência que une branding e design para criar conexões sustentáveis entre pessoas e marcas. O branding revela a alma, define a essência, alinha a estratégia de marca com os objetivos de negócios, constrói identidade e cultura e aponta o norte. O design interpreta e cria expressões e experiências relevantes, surpreendentes, sempre alinhadas com a estratégia da marca, buscando menor impacto ambiental e maior impacto sensorial, com resultados efetivos para os negócios dos nossos clientes. Com 22 anos de atuação, mais de 100 prêmios nacionais e internacionais e escritórios no Rio de Janeiro e em São Paulo, a Tátil conta com mais de 100 colaboradores, entre designers, redatores, biólogos, profissionais de planejamento, estratégia e negócios. Seus principais clientes são Natura, Coca-Cola, TIM, P&G, Comitê RIO 2016, Philips e EBX.

Tátil is a strategy, expression and experience consulting company that combines branding and design to create sustainable connections between people and brands. Branding reveals the soul, defines the essence, aligns the strategy of a brand with business objectives, builds identity and culture and establishes guidelines. Design interprets and creates relevant and surprising expressions and experiences, which are always in line with the brand strategy, in the pursuit of less environmental impact and more sensorial impact, with effective results for our clients' businesses. With 22 years of experience, over 100 national and international awards and offices in both Rio de Janeiro and São Paulo, Tátil relies on over 100 professionals, including designers, copyrighters, biologists and planning, strategy and business professionals. Its main clients include Natura, Coca-Cola, TIM, P&G, Comitê RIO 2016, Philips and EBX.

1 Redesign das embalagens de EKOS (estrutural, gráfico). *Natura – REDESIGN Project for the packaging of line EKOS*. Natura, 2011. **2** Design de marca, arquitetura e ambientação de espaços – Projeto Coletivo – Fábrica da Felicidade.) Coca-Cola – Collective Project – Fábrica da Felicidade). *Coca-Cola – Collective Project – Fábrica da Felicidade*. Coca-Cola, 2010. **3** Design de marca, diretrizes de linguagem, sinalização e ambientação do espaço da loja – Reinvenção da experiência do shopper Droga Raia. *P&G – Shopper Experience Reinvention Project at Droga Raia*. P&G, 2010.

superbacana design

Os trabalhos da superbacana design refletem a visão do escritório sobre design: ele não é apenas parte integrante da imagem de uma marca, mas também elemento indispensável para o estabelecimento de uma identidade e uma comunicação eficiente.
Mais do que isso, a atenção dedicada aos detalhes e à qualidade dos materiais traz ao design um aspecto diferenciado, principalmente quando se trata da criação de vínculos e do desenvolvimento de uma relação com as pessoas.

The works of superbacana design reflect the firm's definition of design: it is now only integral part of a brand's image, but also an indispensable element to establish efficient identity and communication.
Above all, focus on the quality and details of the materials used provide a diversified edge to design, especially in relation to the creation of bonds and to the development of relationships with people.

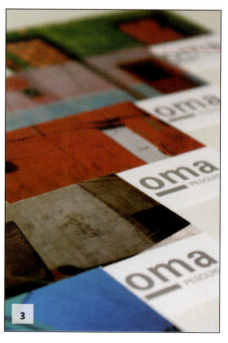

1 Identidade visual. *Visual identity*. superbacana design, 2008. **2** Identidade visual. *Visual identity*. um dia superbacana, 2009. **3** Identidade visual. *Visual identity*. Oma Pesquisa, 2011.

Team Créatif

Fazer a diferença na vida das pessoas. Tornar o mundo mais belo e interessante. Construir relações de identidade e fidelidade. Gerar experiências marcantes e inesquecíveis. Nós acreditamos que marcas únicas e inspiradoras têm o poder de fazer tudo isso. Esse é o nosso negócio: transformar conceitos e ideias em marcas reais, desejadas e cultuadas. Fazemos isso agregando ao planejamento rigoroso e à excelência no design um elemento indispensável: paixão.

Making a difference in people's lives. Making the world a nicer and more interesting place. Building relationships of trust and identification. Creating unforgettable and relevant experiences. We believe that unique and inspiring brands are capable of all of the above. This is our business: to transform concepts and ideas into real, desirable and praised brands. We do so by adding an essential element to thorough planning and excellence in design: passion.

1 Redesenho das embalagens da linha Chamex. *Packaging redesign for the Chamex line.* International Paper, 2011. **2** Evolução gráfica da linha de iogurtes Activia. *Graphic evolution of Activia yogurt line.* Danone, 2011. **3** Relançamento das embalagens da Sadia. *Re-launch of Sadia packaging.* BR Foods, 2011.

Yemni branding, design & comm

Branding com foco na identidade visual e comunicação com o mercado.
Construir marcas capazes de conquistar mentes e corações, por meio de projetos de identidade visual que combinem criatividade e ousadia na medida certa.
Em seus 15 anos, a Yemni acumulou experiência, superou desafios, não teve medo de investir no novo e conquistou resultados positivos. Entre eles, os mais valiosos: a confiança e a admiração de seus clientes.
Branding – Antes de construir uma marca é preciso conhecê-la. Um mergulho profundo na alma da empresa, produto ou serviço para que a marca seja a expressão fiel de sua cultura e valores.
Design – As ideias ganham forma e cor pelas mãos de uma equipe multidisciplinar experiente. O resultado são soluções criativas e perfeitamente integradas à estratégia de marketing da empresa.
Comm – Dentro do conceito de Comunicação Integrada, propõe a escolha de mídias, ações e peças de campanha que estejam alinhadas com o planejamento estratégico em cada segmento de atuação da marca – da identidade visual ao ponto de venda.

Branding focused on visual identity and market media. To build brands capable of winning over both minds and hearts, by means of visual identity projects that combine the perfect amount of creativity and boldness.
In the past 15 years, Yemni has accumulated experience, overcome challenges and hasn't feared investing in new opportunities. In so doing, it has obtained positive results, including the most valuable one: the trust and respect of its clients.
Branding – It is important to get to know a brand before building it. Hence, taking a deep plunge into the soul of the company, product or service is crucial for the brand to be the accurate expression of its culture and values.
Design – Ideas gain shape and color in the hand of an experienced and multidisciplinary team. The result? Creative solutions which are perfectly integrated to the company's marketing strategy.
Comm – Within the concept of Integrated Communication, Yemni offers the choice of media, action and advertising pieces in line with the strategic planning of each segment of the brand – from visual identity to POS.

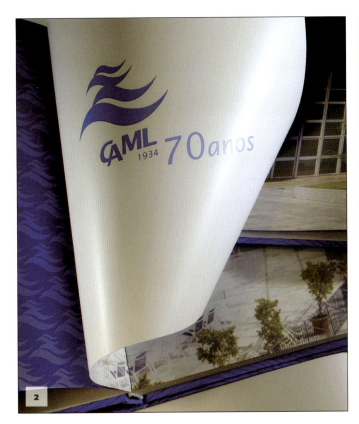

1 Identidade visual, comunicação institucional e sinalização. *Visual identity, editorial design and signage.* Grupo CCR, 1998-2011. **2** Identidade visual, livro de 70 anos. Clube Atlético Monte Líbano, 2004. **3** Campanha de relacionamento. *Client relationship campaign.* America Restaurante, 2010. **4** Folder institucional. *Institutional Folder.* Heineken Brasil, 2010. **5** Identidade visual e projeto de sinalização. *Visual identity and signage project.* ViaQuatro, 2008-2011.

100% DESIGN
tel.: +55.11.3032.5100
100porcento.net

6D
tel.: +55.21.2249.8163
6d.com.br

A10
tel.: +55.11.2344.1010
a10.com.br

ANA COUTO BRANDING & DESIGN
tel. RJ: +55.21.3205.9970/
tel. SP: +55.11.3089.4949
anacouto.com.br
twitter.com/@anacoutobd

BOLD°_A DESIGN COMPANY
tel. RJ: +55.21.3204.9355/
tel. SP: +55.11.5505.0547
bolddesign.com.br

BRAINBOX DESIGN ESTRATÉGICO
tel. PR: +55.41.3018.1695/
tel. SP: +55.11.3522.1919
brainboxdesign.com.br
twitter.com/brainboxdesign

BRANDER
tel.: +55.11.3067.5990
brander.com.br
twitter.com/brander_brasil

CALEBE | DESIGN
tel.: +55.31.2551.1090
calebedesign.com.br
twitter.com/calebedesign

CASO DESIGN COMUNICAÇÃO
tel.: +55.11.3848.9702
casodesign.com.br
twitter.com/casodesign

CLAUDIO NOVAES CONCEITO/DESIGN/CRIAÇÃO
tel.: +55.11.3083.2770
claudionovaes.com.br

COMMCEPTA
tel.: +55.41.3233.7915
commcepta.com

COMMGROUP BRANDING
tel.: +55.11.3081.9240
commgroupbranding.com.br
twitter.com/_commgroup

CRAMA DESIGN ESTRATÉGICO
tel. RJ: +55.21.2512.8555/
tel. SP: +55.11.3550.8101
crama.com.br

CRIACITTÁ
tel.: +55.11.3643.5800
criacitta.com.br

DESIGN ABSOLUTO
tel.: +55.11.3071.0474
designabsoluto.com.br
twitter.com/designabsoluto

DEZIGN COM Z
tel.: +55.11.2184.8100
dezigncomz.com.br

DIA COMUNICAÇÃO
tel. RJ: +55.21.3235.8000/
tel. SP: +55.11.3065.2999
diacm.com.br
twitter.com/diacomunicacao

DIALOGO DESIGN
tel.: +55.21.2205.6995
dialogodesign.com.br
twitter.com/dialogodesign

DUPLA DESIGN
tel.: +55.21.2512.4230
dupladesign.com.br

EITA ILTDA
tel.: +55.85.2346.7878
eitailtda.com.br
twitter.com/eitailtda

FORMINFORM | MAPINGUARI DESIGN
tel.: +55.91. 3230.3271
mapinguaridesign.com.br
twitter.com/mapinguaridg

FUTUREBRAND BC&H
tel.: +55.11.3821.1166
futurebrand.com

GAD' GRUPO DE SERVIÇOS DE MARCA
tel. SP: +55.11.3040.2222/
tel. RS: +55.51.3326.2500/
tel. RS: +55.51.3035.0055
gad.com.br

GRECO DESIGN
tel.: +55.31.3287.5835
grecodesign.com.br

HAL 9000 COMUNICAÇÃO E DESIGN
tel.: +55.11.5589.4146
hal9000.com.br

HARDY DESIGN
tel.: +55.31.3194.3095
hardydesign.com.br

HAUS+PACKING DESIGN
tel.: +55.11.3074.6611
hausmaispacking.com.br

INDÚSTRIA NACIONAL DESIGN
tel.: +55.21.3449.9298
industria-nacional.com.br

JMD COMUNICAÇÃO
tel.: +55.21.2572.8922
jmdcomunicacao.com.br
twitter.com/jmdcomunicacao

KEENWORK DESIGN
tel.: +55.11.5561.6593
www.keenwork.com.br

KIKO FARKAS MÁQUINA ESTÚDIO
tel.: +55.11.3088.4228
kikofarkas.com.br

KOMM:: DESIGN STRATEGY
tel. PR: +55.41.3029.2131/
tel. SP: +55.11.3443.7761/
tel. Londres: +44.207.849.3007
komm.com.br
twitter.com/kommtweet

LUMEN DESIGN
tel.: +55.41.3338.9006
lumendesign.com.br
twitter.com/lumen_design

LVA CRIAÇÃO
tel.: +55.21.2523.2483
lvacriacao.com.br
twitter.com/lvacriacao

MARCELO LOPES DESIGN
tel.: +55.11.3064.4601
marcelolopesdesign.com.br

MATRIZ DESENHO
tel.: +55.11.5083.2022
matrizdesenho.com.br
twitter.com/matrizdesenho

M.QUATRO DESIGN
tel.: +55.21.2259.9142
mquatrodesign.com.br
twitter.com/mquatrodesign

MÜLLER CAMACHO DESIGN COMUNICAÇÃO
tel.: +55.11.3819.4417
mullercamacho.com.br

NARITA DESIGN
tel.: +55.11.4052.3700
naritadesign.com.br
twitter.com/naritadesign

NONO BRANDS
tel.: +55.11.3045.2913
nonobrands.com.br

OCCIUZZI DESIGN
tel.: +55.85.3021.1703
occiuzzi.com
twitter.com/occiuzzi

ÓCSSO DESIGN ESTRATÉGICO
tel.: +55.11.2378.7607
ocsso.com.br
twitter.com/ocsso

OZ DESIGN + OZ BRANDING
tel.: +55.11.3024.2670
ozdesign.com.br

PACKAGING BRANDS
tel.: +55.21.2536.3400
packaging.com.br
twitter.com/packagingbrands

PAGE ONE DESIGN E COMUNICAÇÃO
tel.: +55.11.3049.3355
pageone.com.br

PANDE DESIGN SOLUTIONS
tel.: +55.11.3849.9099
pande.com.br
twitter/pandedesign

PONTO DESIGN
tel.: +55.41.3336.3663
pontodesign.com.br
twitter.com/pontodesign_

PÓS IMAGEM DESIGN
tel.: +55.21.2246.0624/
+55.21.2246.6382
posimagem.com.br

PROJETO INTEGRADO
tel.: +55.11.3884.9344
projetointegrado.com.br
twitter.com/proj_integrado

QUADRANTE DESIGN
tel.: +55.98.4009.7810
quadrantedesign.com.br
twitter.com/QuadranteBrasil

QUESTTO | NÓ
tel.: +55.11.3875.5552
questtono.com.br

REDBANDANA
tel. | fax: +55.21.2287.0202
redbandana.com.br

REDONDO DESIGN
tel.: +55.21.2274.9312
redondodesign.com.br
twitter.com/redondodesign

RICO LINS +STUDIO
tel.: +55.11.3675.3507
ricolins.com

RODA DE DESIGN
tel.: +55.41.3026.6369
rodadedesign.com.br

RTECH3
tel.: 41.8836.0815
rtech3.com.br

SART DREAMAKER
tel.: +55.11.3044.4074/
+55.11.3044.5201
sart.com.br

SOTER DESIGN
tel.: +55.21.2540.6691
soterdesign.com.br

SPICE DESIGN
tel.: +55.11.2977.2203
spicedesign.com.br

STRAUB DESIGN
tel.: +55.41.3078.8050
straubdesign.com.br

STUDIO ABRACADABRA
tel.: +55.85.3456.3636
studioabracadabra.com
twitter.com/abracadabranews

SUPERBACANA DESIGN
tel.: +55.11.3815.8429
superbacanadesign.com.br

TÁTIL
tel./fax RJ: +55.21.2111.4200/
tel. SP: +55.11.2131.2200
tatil.com.br

TEAM CRÉATIF
tel.: +55.11.3491.5580
team-creatif.com

YEMNI BRANDING, DESIGN & COMM
tel.: +55.11.3862.8232
yemni.com.br

Realização
ABEDESIGN – Associação Brasileira das Empresas de Design

Promoção
APEX-BRASIL – Agência Brasileira de Promoção de Exportações e Investimentos

Coordenação geral
ABEDESIGN – Associação Brasileira de Empresas de Design
Gisela Schulzinger Diretora de Capacitação Empresarial

Diretoria ABEDESIGN
Luciano Deos Presidente
Gustavo Gelli Vice-Presidente
Gian Franco Rocchiccili Diretor de Promoção Comercial
Ellen Kiss Diretora de Assuntos Regulatórios e Fomento
Gisela Schulzinger Diretora de Capacitação Empresarial
Giovanni Vannuchi Diretor de Expansão Social
Roger Rieger Diretor Abedesign Regional Paraná
Andréia Medeiros Diretora Abedesign Regional Minas Gerais
Allyson Reis Diretor ABEDESIGN Regional Ceará
Anna Carolina Maccarone Gerente Executiva

Conselho Consultivo
Manoel Müller
Fernando Faria
André Poppovic
Ricardo Leite

Conselho Fiscal
Lincoln Seragini
Milton Cipis
Julio Alves
Marcelo Lopes

Colaboradores
Euler Brandão
Alex Sugai
Roberto Trinas
Leonardo Massarelli

Projeto gráfico
Estação Design

Publicação
Editora Blucher